चित्त-शान्ति के स्रोत कबीर के दोहे

नारायण सिंह भंडारी

पुस्तक महल®

पुस्तक महल®

प्रशासनिक कार्यालय एवं विक्रय केन्द्र

J-3/16, दरियागंज, नई दिल्ली-110002

☎ 011-23276539, 23272783, 23272784, 23260518

E-mail: info@pustakmahal.com

Website: www.pustakmahal.com

शाखा

बंगलुरु: ☎ 080-22234025, 40912845

E-mail: pustakmahalblr@gmail.com

ISBN 978-81-223-0961-4

संस्करण : 2026

मुद्रक: शर्मा प्रिंटर्स, दिल्ली

समर्पण

प्रस्तुत पुस्तक
मेरी स्वर्गीय पत्नी
श्रीमती गोविन्दी भंडारी
को समर्पित है

भूमिका

हर एक व्यक्ति के जीवन में द्वंद्वों का आभास, जन्म से ही शुरू हो जाता है। पैदा हुआ बच्चा लड़का है या लड़की है, यह सूचना जब माता-पिता व नजदीकी रिश्तेदारों को दी जाती है, तो उनकी प्रतिक्रिया भी दो भावों में होती है। यह दो भावों की भिन्नता, मन की चाह और वास्तव में जो हुआ उसकी समानता व असमानता के कारण होती है। चाहे वे शब्दों में अपने भावों को व्यक्त करें या नहीं। वह बच्चा धीरे-धीरे बड़ा होता रहता है और इस दुनिया को जानने व समझने की कोशिश करता रहता है, लेकिन वह इस संसार में पाता है–द्वंद्व जैसे सुख और दुःख, अच्छा और बुरा, प्रेम और घृणा, जीत और हार, अमीरी और गरीबी, राग और द्वेष, जीवन और मृत्यु इत्यादि।

व्यक्ति, बच्चे से वयस्क होने के दौरान अपने मां-बाप, भाई-बहन, रिश्तेदारों, स्कूल, कॉलेज और समाज से अनेक आदतों व विचारों को अलग-अलग अपनी इच्छानुसार चुनता है और उसके अनुरूप एक विचार, समझ या दृष्टिकोण बना लेता है। वह अपने कार्य या प्रतिक्रियाएं इसी समझ से करता रहता है। जब-जब व्यक्ति के जीवन में और समाज में घटनाएं घटती हैं, तब-तब व्यक्ति की समझ भी बदलती है। इसी कारण समाज में भिन्न-भिन्न स्वभावों के व्यक्ति होते हैं और विभिन्न चरित्र वाले लोगों का निर्माण होता रहता है।

हर एक व्यक्ति अपनी इच्छा से, बीते समय में बनाए हुए दृष्टिकोण, समझ और विभिन्न व्यक्तियों के संपर्क से अपने में कुछ गुणों और अवगुणों को पकड़ता है। व्यक्ति देवता हो जाता है अगर उसमें गुण ही गुण हों और व्यक्ति दानव हो जाता है अगर उसमें अवगुण ही अवगुण हों। लेकिन साधारणतया व्यक्तियों में गुण और अवगुण अलग-अलग अनुपात में होते हैं। मनुष्य के जीवन में कई बार ऐसी स्थिति आती है, जब उसे चुनाव करना होता है कि वह इस ओर जाए या उस ओर। तब वह दो भावों (द्वंद्व) में उलझ जाता है, क्योंकि दो भावों में

कोई भी भाव उसे पूर्ण रूप से सही या गलत नहीं लगता। ऐसी ही स्थिति अर्जुन की हो गई थी महाभारत में कि वह लड़ें या नहीं। इस कारण मनुष्य सामान्यतया द्विधाभाव (द्वंद्वों) में या तनाव में अपना जीवन व्यतीत करता है।

सुख, अमन-चैन, खुशी या प्रसन्नता प्रत्येक मनुष्य के जीवन का लक्ष्य होता है। मनुष्य के जितने भी कर्म होते हैं, उनका उद्देश्य यही होता है कि अधिक से अधिक खुशी या सुख कैसे प्राप्त हो? मनुष्य गलत धारणा या भ्रम की वजह से अपना सुख वस्तुओं में ढूंढ़ता रहता है। एक वस्तु से दूसरी वस्तु में, दूसरी वस्तु से तीसरी वस्तु में इत्यादि। लेकिन सारे जीवन के परिश्रम के बाद भी जब उसे बाहर स्थायी सुख नहीं मिलता, तो वह निराश हो जाता है। वस्तुतः वह यह नहीं समझ पाता है कि स्थायी सुख बाहर नहीं, अपितु स्वयं उसके अंदर विद्यमान है। यह अनुभूति भी तभी हो सकेगी, जब वह अंतर्मुखी हो, अपने अंदर अवस्थित आत्मतत्त्व को जाने, पहचाने और उसकी खोज करे। जब मनुष्य को यह एहसास हो जाए कि परमात्मा का अंश आत्मा उसमें विद्यमान है, वह व्यक्ति अपने को आत्मा मानता है और स्थायी सुख प्राप्त करता है, क्योंकि आत्मा द्विधाभाव (द्वंद्वों) से ऊपर है। ऐसी अवस्था पाना बहुत ही कठिन है, क्योंकि मनुष्य का मन पूर्ण रूप से बाहर ही रहता है। एक वस्तु से दूसरी वस्तु, एक भाव से दूसरे भाव में मन भटकता रहता है। ऐसे में सुख-चैन कैसे मिलेगा? इस तरह भटकते हुए मन को रोकना या नियंत्रण करना मनुष्य की सबसे बड़ी समस्या है।

महर्षि पतंजलि के अनुसार मन की वृत्तियों को योग से नियंत्रण किया जा सकता है। ये मन की वृत्तियां पांच प्रकार की होती हैं।

1. प्रामाणिक ज्ञान (Understanding through proof)–जिसे मन समझता है, प्रत्यक्ष रूप में, अनुमान से और वेद-शास्त्र द्वारा अनुमोदन से।

2. मिथ्या ज्ञान (Misunderstanding)–जब मन समझता कुछ है और वास्तव में कुछ और ही होता है। इसे अज्ञान कहते हैं।

3. कल्पना (Imagination)–केवल शब्द ज्ञान पर आधारित तथा वस्तु से शून्य (मानसिक क्रिया) को कल्पना कहते हैं।

4. स्मृति (Remembarance)–अनुभव किए हुए विषय का मन में प्रकट होना स्मृति है।

5. निद्रा (Sleep)–पांचों इंद्रियों द्वारा अनुभूति के अभाव पर आधारित मानसिक वृत्ति निद्रा है।

इन पांचों मन की वृत्तियों को नियंत्रित करने के लिए महर्षि पतंजलि ने सुझाव दिए हैं–आत्मज्ञान होने पर ही मन की वृत्तियों का निरोध होता है। आत्मज्ञान प्राप्त करने के लिए सांसारिक विषयों के प्रति वासना, आसक्ति या लगाव का त्याग करना होगा (सांसारिक विषयों का नहीं)। अभ्यास और वैराग्य से इन वृत्तियों का निरोध हो सकता है। दीर्घकाल तक निरंतर निष्ठापूर्वक मन की वृत्तियों को रोकने तथा मन को अपने स्वरूप (आत्मा) में स्थित करने के अभ्यास से, निश्चित ही साधक को आत्मज्ञान का सुख मिलता है। तब देखे और सुने हुए विषयों में तृष्णा न होने से, मन का बस में होना वैराग्य है। मन को बस में करने के लिए तप, स्वाध्याय और ईश्वर को आत्मसमर्पण, क्रियायोग है।

मनुष्य जब द्विधाभाव या द्वंद्वों में रहता है तो दुविधा में रहता है। जिस तरह अर्जुन महाभारत में लड़ने के बजाय धनुष-बाण त्यागकर दुविधा में पड़ जाता है। उसके मन का एक भाव कहता है कि अपने भाई-बंधुओं और गुरुओं को मारना गलत है और मन का दूसरा भाव कहता है कि दुर्योधन द्वारा किया गया अत्याचार-अन्याय का प्रतिकार हिंसा द्वारा करना चाहिये। अति अल्पज्ञानी को दुविधा नहीं होती है क्योंकि वह जो भी समझ पाता है, उसी के अनुसार अपना निर्णय ले लेता है। अपनी अल्पबुद्धि के द्वारा वह किसी प्रश्न का एक से अधिक पहलू जान ही नहीं पाता। दूसरी ओर, पूर्णज्ञानी को भी दुविधा नहीं होती, क्योंकि प्रश्न के सभी पहलुओं को समझकर भी उसको इतना ज्ञान होता है कि वह सही समाधान कर पाए। किंतु बीच की बुद्धिवाला (अल्पज्ञानी) परेशान हो जाता है, क्योंकि उसको इतना ज्ञान तो प्राप्त होता है कि वह प्रश्न के एक से अधिक पहलुओं को पहचान ले, लेकिन इतना नहीं कि वह निर्णय कर ले कि कौन-सा समाधान सही है। इस संसार में अधिकांश व्यक्ति बीच की बुद्धिवाले अर्थात् अल्पज्ञानी हैं, इसीलिए तनाव में रहते हैं।

जिस प्रकार शरीर के भयंकर रोग जैसे-कैंसर, एड्स, प्रमुख ग्रंथियों के रोग (दिल, लिवर और गुर्दे की बीमारी), मधुमेह, दमा, लकवा, उच्च रक्तचाप आदि हैं। उससे भी भयंकर रोग हमारे मन के होते हैं जैसे–काम, क्रोध, लोभ, मोह और अहंकार। इन दोषों से हमारा दृष्टिकोण बदलता रहता है, हम अपने स्वार्थपूर्ति के लिए अनेक गलत कार्य करते रहते हैं और अनेक को कष्ट देते हैं। वही दिया हुआ कष्ट दोगुना होकर हमारे पास वापस आता है। हर एक वयस्क जानता है कि अच्छा क्या है और बुरा क्या है? लेकिन मन के इन दोषों से उसके अक्ल या बुद्धि पर परदा पड़ जाता है। या कहिए कि उसकी मति फिर जाती है और

वह सही निर्णय नहीं ले पाता है। इस कारण वह अनैतिक या अनुचित कार्य कर बैठता है। इन पांच दोषों में कोई भी एक दोष, व्यक्ति का दृष्टिकोण बदल सकता है, और गलत कार्य करवा सकता है। ये दोष हमारे मुख्य शत्रु हैं। पहले इन शत्रुओं पर विजय पाओ।

संत कबीर कहते हैं कि काम, क्रोध, लोभ, मोह एवं अहंकार (मद) आदि दुर्गुणों से जब तक हृदय भरा हुआ है, तब तक मूर्ख और पंडित दोनों एक समान हैं। अर्थात् जिसने भक्ति-ज्ञान से इन दुर्गुणों को अपने हृदय से दूर कर दिया है, वही पंडित है और जिसने इनका त्याग नहीं किया वह मूर्ख है। कबीर ने इन दोषों को अपने दोहों में बड़े ही स्पष्ट ढंग से वर्णित किया है। उसका सार संक्षेप में इस प्रकार है–

काम–काम की इच्छा माया के रजोगुण से उत्पन्न होती है। काम, स्त्री और पुरुष के बीच मोह आकर्षण को जगाता है। परमात्मा की कोई रचना बुरी नहीं है। बुराई उसके प्रयोग या उपयोग के अज्ञान में है। काम का उचित रूप संतानोत्पत्ति है, लेकिन कामेषणा (जिसके सिर पर काम का भूत सवार रहता है), जीवन-कल्याण के परम उद्देश्य की सफलता में बाधक है। जीवन में भ्रम, संदेह आदि विकार उत्पन्न करने वाली यह कामाग्नि सदा ही अशांति और भय देती है। इसके कारण व्यक्ति पापी बन जाता है और दुःख व संतापों से पीड़ित होता है। बाद में वह अपने व्यवहार पर पश्चात्ताप करता है। भोगकाल के आरंभ में काम अमृत जैसा सुखदायी तथा परिणामकाल में विष के समान दुःखदायी होता है। काम-वासना के अतिरिक्त अन्य कामना-पूर्ति की लालसा भी कामाग्नि है।

क्रोध–विषय-आसक्ति के कारण कामना उत्पन्न होती है और कामना के कई रूप हैं। कामना-पूर्ति में विघ्न आने पर क्रोध आता है। क्रोध के आवेश में व्यक्ति मानसिक संतुलन खो बैठता है। तब उसकी बुद्धि काम नहीं करती, वह आपे से बाहर यानी विवेकशून्य हो जाता है। क्रोध व्यक्ति की अज्ञानता का प्रतीक है। क्रोध पहले वाद-विवाद तक सीमित रहता है। इस सीमा को पार करते ही यह लड़ाई-मारपीट का कारण बन जाता है। क्रोध से व्यक्ति की चेतना-शक्ति का विनाश होता है। क्रोध जीवन की कोमल-मधुर भावनाओं का नाश करता है और मानसिक अशांति का कारण होता है। क्रोध से कुंठित व्यक्ति अनेक विकारों से ग्रस्त रहता है। क्रोध की भावना अकेली नहीं होती। राग-द्वेष, ईर्ष्या आदि दुर्गुण भी इसके साथ होते हैं। क्रोध व्यक्ति के विनाश का कारण बनता है।

लोभ–लोभ, माया के रजोगुण से उत्पन्न होता है। लोभी व्यक्ति सदैव असंतुष्ट, अशांत तथा दयनीय स्थिति में रहता है। ऐसा व्यक्ति अपने संगृहित

धन का उपभोग कभी नहीं कर पाता। उसके धन को दूसरे लोग या चोर-लुटेरे ही भोगते हैं और वह अंत में खाली हाथ रह जाता है। लोभी व्यक्ति अत्यंत महत्त्वाकांक्षी और सदैव स्वार्थ-सिद्धि की चिंता से यों ही घिरा रहता है। लोभी व्यक्ति की आवश्यकताएं कभी कम नहीं होतीं, बल्कि समयानुसार बढ़ती ही जाती हैं। लोभी व्यक्ति कंजूस स्वभाव का होता है और अपना धन किसी के हित या सद्कर्मों में खर्च न करके संग्रह में लगा रहता है। वह धन संग्रह करने के लिए झूठ भी बोलता है तथा निर्दयी भी हो जाता है। लोभरूपी गीदड़, सिंह जैसे संपन्न और शक्तिशाली व्यक्तित्व को भी नष्ट कर देता है। लोभ जितना अधिक बढ़ता है, व्यक्ति का नाश उतना ही शीघ्र होता है। साधुजन लोभ के दास नहीं होते। वे प्रभु से उतना ही मांगते हैं, जितने से भूख की निवृत्ति हो सके। लोभ ज्ञानीजनों का दास होता है। कबीर ने भौतिक समृद्धि को माया बताया है। उनके अनुसार धन-संपत्ति का लोभ मनुष्य को परमात्मा से विमुख करता है और सुख-शांति छीन लेता है, अतः लोभ त्याज्य है।

मोह—किसी प्राणी, किसी पदार्थ, किसी अपने-पराये, किसी नाते-रिश्तेदार से गहरा लगाव और आसक्ति 'मोह' है। मोह के कारण ही सभी जीव संसाररूपी वृक्ष पर मधुमक्खियों के छत्ते की तरह चिपके हुए हैं। संसार में नाश और निर्माण की प्रक्रिया निरंतर चलती रहती है। इसकी हर वस्तु नाशवान है। यहां जिससे भी मोह किया जाए, वह और स्वयं मोह करने वाला नाशवान है। इस प्रकार यहां किसी की आशा नहीं करनी चाहिये। मोह का संबंध क्षणिक सुख और भयंकर दुःख से है। व्यक्ति मोह में लिप्त रहने के कारण विषय-वासना में चूर होकर कुमार्ग पर भटक जाता है। वह उसकी मूर्खता और घोर अज्ञानता का परिणाम है। वह यह नहीं सोचता कि यहां सबका जन्म-मरण निश्चित है और किसी को अपना मान लेना भारी भूल है। मोह अर्थात् चाह के सारे सुख मृगतृष्णा हैं। मनुष्य मोह के भंवर में फंसकर घोर अनैतिक पाप कर्म करता है और अपने लिए दुःख पैदा करता है। मोह विषय-सुख में आसक्ति है। परमात्मा को पाने के लिए विषय-सुख की आसक्ति छोड़नी होगी। मोह अशांति, असंतोष और चिंता का कारण है, इसलिए इसका त्याग आवश्यक है।

अहंकार—अहंकार अर्थात् मद, आत्म-मोह की स्थिति है। अहंकार भी माया के रजोगुण से उत्पन्न होता है। यह एक भयंकर विकार है, जिससे जीवन में अनेक विघ्न, क्लेष, दुःख आदि सामने आते हैं। अहंकार कुवासनाओं का पोषक, निष्ठुर और क्रूर होता है। अहंकार निम्नतम श्रेणी से लेकर उच्चतम श्रेणी तक

के जीवों में किसी न किसी रूप में विद्यमान रहता है। प्रत्येक व्यक्ति में अहंकार है। सभी 'मैं' के अहंकार से ग्रस्त हैं। 'अहं' भाव मनुष्य को परमात्मा से विमुख करता है, परंतु अहंकार को बढ़ाने में ही उसे सुख मिलता है। अहंकार मन के ऊपर सवार रहता है। इसे विभिन्न रूपों में देखा जा सकता है। उदाहरण के लिए किसी को धन-संपत्ति का अहंकार है, तो किसी को अपनी कुल जाति का, किसी को अपने कौशल का अहंकार है, तो किसी को अपनी शक्ति का। अहंकार मनुष्य को छलावे में रखकर उससे नाना प्रकार के न्याय-अन्याय कराता है। प्रायः वह अन्याय ही कराता है। व्यक्ति मद से ग्रस्त होकर अपनी सूझ-बूझ खो देता है। अहंकार में वह अच्छे-बुरे का ध्यान नहीं कर पाता। अहंकार के आवेश में हिंसा भड़क उठती है। अहंकार व्यक्ति को लज्जाहीन और अमानुष बना देता है। वह अपनी शक्ति का प्रयोग दूसरों को प्रताड़ित करने के लिए करता है। वह स्वयं को ईश्वर का प्रतिनिधि समझने लगता है। वह भूल जाता है कि यदि वह ईश्वर का प्रतिनिधि है, तो दूसरे क्या हैं। सच्ची भक्ति के लिए 'अहंकार' को छोड़ना आवश्यक है। मद या अहंकार के छूटने पर मन की कठोरता समाप्त हो जाती है और मन पिघलकर गुरु के चरणों में पहुंच जाता है।

यह पांच मन के भयंकर रोग, इनसान से बहुत बुरा काम करवाते हैं। पवित्र और महान् इनसान बनने के लिए इन दुर्गुणों का त्याग आवश्यक है। इन दुर्गुणों का प्रतिकार इनके विलोम भावनाओं से करना चाहिये। जैसे काम का प्रतिकार ब्रह्मचर्य तथा इंद्रियनिग्रह से क्रोध का प्रतिकार, क्षमा तथा परनिंदा त्याग से लोभ का प्रतिकार, संतोष तथा दान की भावना से मोह का प्रतिकार, विवेक तथा त्याग से अहंकार का प्रतिकार नम्रता तथा सेवाभाव से करना चाहिये।

जब हम ऐसे व्यक्ति को देखते हैं, जो पश्चात्ताप कर रहा हो, तो कारण यही मिलता है कि उसने बीते हुए दिनों में इन्हीं पांच दोषों में किसी एक दोष से ग्रस्त होकर कोई गलत कार्य किया था। अगर हम अपने बीते समय को देखें और अपना विश्लेषण करें, तो पाएंगे कि इन पांच दोष—काम, क्रोध, लोभ, मोह और अहंकार से वशीभूत होकर हमने कितने गलत कार्य किए। ये दोष मनुष्य के निर्विवाद दुश्मन हैं। ये दोष मनुष्य को तनाव में रखते हैं और व्यक्ति द्वंद्वों में झूलता रहता है।

इस पुस्तक में बहुत से द्वंद्वों के बारे में वर्णन किया गया है, जो कि हमारे जीवन में आते रहते हैं। इन द्वंदों को समझने और उनसे बाहर आने के लिए बहुत से अंश संत कबीर, स्वामी विवेकानंद और स्वामी शिवानंद द्वारा लिखित

पुस्तकों में से लिए गए हैं। कुछ अंश श्रीमद्भगवद्गीता, पातंजलि योग सूत्रम् और अन्य आध्यात्मिक पुस्तकों में से भी लिए गए हैं। मुख्य पुस्तकों की सूची इस पुस्तक के अंत में दी गई हैं।

यह पुस्तक 'तनावमुक्त जीवन' लिखने का मुख्य उद्देश्य जीवन में द्वंद्वों को समझना है। इन द्वंद्वों को समझने पर ही मनुष्य इन द्वंद्वों, जैसे सुख-दुःख, पसंद-नापसंद, लाभ-हानि, आशा-निराशा, निंदा-स्तुति, अमीर-गरीब, सफलता-असफलता, अच्छा-बुरा, राग-द्वेष, स्त्री-पुरुष इत्यादि से ऊपर उठने का अभ्यास कर सकता है। मानव तब तक तनावमुक्त नहीं हो सकता है, जब तक वह इन द्वंद्वों के जाल से बाहर नहीं आ जाता। इस सामाजिक उद्देश्य को पूरा करने के लिए मैंने आध्यात्मिक विज्ञान की मदद ली है तथा तनाव उत्पन्न करने वाले द्वंद्वों का स्पष्ट वर्णन किया है। साथ ही इन द्वंद्वों से उत्पन्न तनाव को निर्मूल करने का प्रयास किया है तथा दृष्टांतों (नीति कथाओं या कहावतों) और प्रेरणात्मक कहानियों से उनका संपूरण भी किया है।

मुझे आशा है कि मेरा यह प्रयास पाठकों के मन की शंकाओं को दूर कर, उनके मस्तिष्क में उत्तम विचार लाएगा। एक विचार परिवर्तन बिंदु बन सकता है तथा जीवन में पूर्ण रूपांतर कर सकता है। एक विचार मनुष्य के भय और चिंता को निर्मूल करने और उसे साहसपूर्ण कठिन समस्या के साथ जूझने के लिए तैयार कर सकता है। मुझे आशा है कि सभी पाठक इससे लाभ उठाएंगे और दूसरों को भी लाभान्वित करेंगे।

मैं आभारी हूं श्रीमती शांति गौतम का जिन्होंने इस पुस्तक में त्रुटियों को हटाने का प्रयास किया। फिर भी जो कुछ त्रुटियां इसमें रह गई हों, उसके लिए मुझे क्षमा करते हुए यदि आप अपने अमूल्य सुझावों से अवगत कराएंगे, तभी भविष्य में इसमें और भी सुधार कर पाना संभव हो सकेगा।

यदि मैं प्रकाशदीप नहीं बन सकता, तो कम से कम प्रतिबिम्बक तो बन ही सकता हूं। धन्य हैं वे, जो प्रकाश को उत्पन्न करते हैं और उसे विकीर्ण करते हैं।

—नारायण सिंह भंडारी

अनुक्रम

1

सुख और दुःख

सुखदुःखे समे कृत्वा लाभालाभौ जयाजयौ।
ततो युद्धाय युज्यस्व नैवं पापमवाप्स्यसि॥
–गीता (2/38)

अर्थात् सुख-दुःख, लाभ-हानि, जय-पराजय को समान समझकर युद्ध करो। इस प्रकार समभाव से युद्ध करने से तुम्हें पाप नहीं लगेगा।

सार–श्रीकृष्ण अर्जुन को समझाते हुए कहते हैं कि जो मनुष्य सुख-दुःख, लाभ-हानि और जय-पराजय से विचलित न होकर कर्तव्य पालन करता है, उसे किसी प्रकार का पाप नहीं होता। अर्जुन को युद्ध में स्वजनों का वध करने पर पाप होने की आशंका थी, जिसका निवारण श्रीकृष्ण ने किया। जो मनुष्य किसी कर्म को कर्तव्य भावना से प्रेरित होकर तथा स्वार्थरहित होकर करता है, उसमें शुभ-अशुभ का विचार नहीं करना चाहिये तथा उसमें कोई पाप नहीं होता। सफलता और विफलता में समबुद्धि रहना अथवा सिद्धि और असिद्धि में समान रहना महानता का लक्षण है। जो मनुष्य सदैव सम रहता है, वही संतुलित रह सकता है। ऐसा व्यक्ति सुख में अतिहर्षित नहीं होता और दुःख में करुण क्रंदन नहीं करता। प्रत्येक व्यक्ति के जीवन में दुःख और निराशा के अनेक अवसर आते हैं, किंतु उनसे विचलित न होने पर ही मनुष्य शोक व आत्मग्लानि से बच सकता है तथा प्रगति कर सकता है। समत्व भाव एवं संकल्प की दृढ़ता होने पर ही मनुष्य कर्म मार्ग पर डटा रह सकता है।

प्रत्येक व्यक्ति जीवन और जगत के प्रति अपना दृष्टिकोण बना लेता है तथा मनुष्य का मन ही अपने दृष्टिकोण के अनुसार दुःख और सुख का अनुभव करता है। सुख और दुःख दो प्रकार के भाव हैं, जिनका संबंध केवल मन से

है। वस्तुओं और संबंधियों के प्रति अति आसक्ति के कारण केवल मन ही सुख और दुःख को लाता है और भोगता है। वस्तुओं में न तो सुख होता है, न ही दुःख। यह केवल मन द्वारा निर्मित, मन की प्रत्यक्षदर्शिता है या मन का छल है, जो सुख और दुःख को लाता है।

मानसिक सुख-दुःख, यद्यपि शारीरिक सुख-दुःख से कुछ ऊंची श्रेणी के हैं, पर वास्तविक सुख उसमें भी शामिल नहीं है। मन का दुःख मन को ढीला छोड़ देने पर भले ही हो, पर मन को वश में करते ही वह लुप्त हो जाता है। इसका कारण यह है कि ऐसे सुख-दुःख केवल मानने पर निर्भर होते हैं। मानो तो बहुत सुख-दुःख, नहीं तो कुछ भी नहीं। वास्तव में सुख-दुःख बाहरी परिस्थितियों पर निर्भर न होकर मनःस्थिति पर ही निर्भर करते हैं। जिस प्रकार यदि आप अपनी एक अंगुली को गरम पानी में डुबा दें और दूसरी अंगुली को बर्फ के पानी में और फिर दोनों अंगुलियों को साधारण पानी में डुबाएं, तो एक अंगुली को वह साधारण पानी ठंडा लगेगा, दूसरी को गर्म। लेकिन पानी तो एक सा ही है। इसी प्रकार एक परिस्थिति को एक मनुष्य सुखप्रद और दूसरा दुःखप्रद मान बैठता है। विषम से विषम परस्थिति भी मनुष्य को सुख दे सकती है, यदि उसकी मनोवृत्ति अनुकूल और दृष्टिकोण सही हो तो। मां अपने बच्चे के लिए तथा प्रेमी एक-दूसरे के लिए बड़ी-से-बड़ी तकलीफ झेलते हुए बड़े सुख और संतोष का अनुभव करते हैं।

संत कबीर के अनुसार संसार में ईश्वर को प्राप्त करने के कई मार्ग हैं। सुमिरन का मार्ग उन सबसे सरल है। सुमिरन करने वाले भक्त को दुःख, दुःख सा नहीं लगता है। कबीर कहते हैं–

दुःख में सुमिरन सब करे, सुख में करे न कोय।
जो सुख में सुमिरन करे, तो दुःख काहे को होय ॥

–संत कबीर

अर्थात् यह संसार बड़ा ही स्वार्थी है। यहां दुःख में तो सभी परमात्मा का सुमिरन करते हैं, परंतु सुख में कोई नहीं करता। सब उसे माया-मोह के सुखों में भूल जाते हैं। यदि सुख में भी सुमिरन करते रहें तो फिर दुःख ही क्यों हो, अतः दुःख-सुख में समान रूप से सुमिरन करना चाहिये। इसका अर्थ यह नहीं है कि ईश्वर स्मरण करने वाले को दुःख भोगना ही नहीं पड़ेगा। जीवात्मा को जब शरीर की प्राप्ति हुई है, तब दुःख तो भोगना पड़ेगा ही–भले धर्मात्मा हो

अथवा पापी। इसका आशय यह है कि ईश्वर स्मरण करने वाले को दुःख विचलित नहीं करेगा। दुःख उसे दुःख जैसा प्रतीत ही नहीं होगा, इस तरह ईश्वर स्मरण उसे दुःख को जीतने में सहायक होगा।

सुख और दुःख एक-दूसरे के पूरक होते हैं। दुःख हमेशा सुख के साथ चलता है। दूसरे शब्दों में दुःख, सुख में छिपा हुआ है। इसका मतलब यह हुआ कि जब तक हमें दुःख नहीं होगा, तो सुख भी महसूस नहीं होगा। तृष्णा या लगाव दुःख और सुख महसूस करने का मुख्य कारण है। उदाहरण के तौर पर एक व्यक्ति जिसने क्रिकेट से तृष्णा कर ली हो, उसे टी.वी. पर क्रिकेट मैच देखने में सुख मिलेगा, जबकि दूसरा व्यक्ति जिसे क्रिकेट से कोई तृष्णा नहीं है, उसे कोई सुख नहीं मिलेगा। लेकिन निराशा या दुःख भी उस व्यक्ति को होगा जो अपने देश की हार टी.वी. पर देखेगा, अगर उसे क्रिकेट के साथ अपने देश से भी तृष्णा हो तो। मोह या तृष्णा जितना अधिक होगा, उसी अनुपात में दुःख भी अधिक होगा। परिवार में जब कोई व्यक्ति की मृत्यु हो जाती है तो दुःख होता है, मृत व्यक्ति से जितना अधिक मोह होता है उतना ही दुःख अधिक होता है। इस संसार में इतने लोग रोज मरते हैं, परंतु हमें दुःख नहीं होता; क्योंकि उनसे हमारा रिश्ता नहीं है। इसलिए उससे कोई मोह नहीं है। जब हम किसी व्यक्ति के साथ रहते हैं या काम करते हैं तब यदि रिश्ता न भी हो, तो भी मोह या तृष्णा हो जाती है।

एक बार मेरे दोस्त अपनी श्रीमती और दो बच्चों के साथ शिमला और कुल्लू मनाली सैर करने गए थे। जब सब सदस्य शिमला के खूबसूरत दृश्यों को देखकर आनंदित हो रहे थे, तभी घर से मोबाइल फोन पर सूचना दी गई कि दोस्त के पिताजी को दिल का दौरा पड़ा है। जो दृश्य पहले बहुत सुंदर लग रहे थे, वही दृश्य फोन आने के बाद सुंदर नहीं लग रहे थे। ऐसा क्यों? ऐसा इसलिए कि उनके मन को दुःख की सूचना ने सुंदर दृश्यों (विषयों) से हटाकर घर पहुंचा दिया। मेरा दोस्त, पत्नी व बच्चों सहित सैर को बीच में ही छोड़कर घर को आ गए। इस घटना से हम यह निष्कर्ष निकाल सकते हैं–(1) सुख प्राप्त करने के लिए मन विषय के साथ होना चाहिये। (2) दुःख आपके सुख में कभी भी बाधा या विघ्न डाल सकता है।

मनुष्य, दिल का दौरा या मृत्यु जैसी आकस्मिक घटनाओं को घटने से रोक नहीं सकता। यह मनुष्य की विवशता है। फिर यह दुःख क्यों? यह दुःख निश्चित व्यक्तियों से मोह की वजह से होता है। अगर मनुष्य अपना कर्तव्य करते हुए

निर्मोही बना रहे, तो वह दुःख से मुक्त हो सकता है। ऐसी स्थिति में कर्तव्य करने और ईश्वर से प्रार्थना करने के अलावा मनुष्य के हाथ में कुछ भी नहीं है। इसलिए दुःख देने वाले मोह का त्याग करना चाहिये। मोह बंधन में डालता है, दुखी करता है और मोहजनित दुःख में व्यक्ति अपना कर्तव्य भी नहीं कर पाता है। जबकि प्रेम स्वतंत्र रखता है, अपना कर्तव्य करता है तथा सुख और संतोष देता है।

स्वामी शिवानंद के अनुसार वास्तविक सुख हमारे भीतर है। सुख को बाहर ढूंढ़ने के बजाय, अपने अंदर दिल (आत्मा) में ढूंढ़ना चाहिये, जो कि सारे सुखों का केंद्र है। जब भी हमें यह महसूस होता है कि हमारी इच्छाएं पूरी हो रही हैं तो मन, दिल (आत्मा) की ओर जाता है। जब मन आत्मा के साथ रहता है केवल तभी संतोष मिलता है, क्योंकि आत्मा परिपूर्ण है। आत्मा मन और शरीर से मुक्त है और उसे सुख-दुःख छू नहीं सकते, क्योंकि आत्मा इन दोनों भावों का साक्षी है। मन सुखी होता है, मन दुखी होता और आत्मा को सुख-दुःख से कोई मतलब नहीं होता है। आत्म-साक्षात्कार किया हुआ मनुष्य इन द्वंद्वों से ऊपर उठ जाता है और परम आनंद को प्राप्त होता है।

हमारे सुख भी हमेशा बदलते रहते हैं। जो वस्तु या स्थिति हमें आज सुख देती है, वह कुछ दिनों बाद हमें सुख नहीं देती। तब हमें अपने सुख के लिए कुछ और चाहिये और जब हमें वह नहीं मिलता तो परिणाम होता है दुःख। मन चंचल होता है और हमेशा इन दोनों भावों में भटकता रहता है। हमें मन को समचित्तता में लाना होगा। सुख के पीछे भागने के बजाय मन को शांत और प्रसन्न रखने के लिए योग को अपनाएं। चित्त की वृत्तियों का निरोध योग है। एक बार जब मन योग का लाभ अनुभव कर लेगा, तो खुद ही अपनाने लगेगा। मन को प्रसन्न रखने का यह प्रामाणिक तरीका है।

निम्नलिखित स्वामी रामतीर्थ जी का दृष्टांत (नीति कथा या कहावत) वास्तविक आनंद या खुशी के संदर्भ में दिया गया है–

व्यर्थ की खोज
(एक सुई खो गई)

'संध्या को एक औरत की सुई खो गई थी, वह उस सुई को ढूंढ़ने के लिए गली में निकल पड़ी। किसी ने उससे पूछा कि वह गली में क्या ढूंढ़ रही है? उसने बताया कि वह अपनी खोई हुई सुई ढूंढ़ रही है। उस व्यक्ति ने फिर पूछा कि सुई कहां खोई है? उस औरत ने बताया कि सुई घर में खोई है। तब उस व्यक्ति

ने कहा कि कितना गलत है, उस सुई को गली में ढूंढ़ना जो घर में खोई है। इस पर उस औरत ने बताया, चूंकि घर में प्रकाश करने के लिए उसके पास बत्ती (दीपक) नहीं है, इसलिए वह सुई को गली में ढूंढ़ रही है, जहां उपयुक्त प्रकाश है।

ठीक वैसा ही इस दुनिया के लोग करते हैं। परम आनंद का सुंदर स्थान आप में आत्मा है, जो परमात्मा का अंश है, फिर भी सुख पाने के लिए मनुष्य उसे वस्तुओं में, बाहर गलियों में तथा सांसारिक विषयों में ढूंढ़ता है। कितना विचित्र है यह?'

सार–*सुख दुनिया के वस्तुओं में खोजना व्यर्थ है, आनंद का घर तो आप में है।*

2 भूत और भविष्य

चले गए सो ना मिले, किसको पूंछूं बात।
मात पिता सुत बांधवा, झूठा सब संघात॥
–संत कबीर

अर्थात् जो संसार त्यागकर चले गए, फिर कभी मिले नहीं और जो हैं वे भी निश्चित रूप से चले जाएंगे। ऐसे में यहां किससे क्या हाल-चाल पूंछें? माता, पिता, पुत्र और भाई आदि का यह परिवार-मिलन सब असत्य है, अर्थात् सब समय से बिछुड़ते चले जाएंगे।

भूत अथवा अतीत मृतक है, भविष्य अनुत्पन्न है। अतीत विनष्ट होता रहता है, वर्तमान ऊपर उभरकर आता रहता है। अतीत की घटनाओं की यादें साधारणतया हमारे को पश्चात्ताप में डालती हैं, क्योंकि हम बीते समय में की गई गलतियों को महसूस करते हैं और भविष्य की कल्पना साधारणतया हमारे को चिंता में डालती हैं, क्योंकि हम नहीं जान सकते कि भविष्य में क्या होगा तथा हमारी बनाई हुई योजना या इच्छा पूरी हो पाएगी या नहीं।

जो बीत गया, वह बीत गया। प्रेतवत् अस्तित्वहीन भूतकाल से न चिपटें। पंडित शिवानंद कहते हैं कि जिस मनुष्य ने जीवन का पूर्ण लाभ उठाने का निश्चय किया हो वह अपने समय और शक्ति को उस भूतकाल की क्षतियों और शोकों पर विलाप करने में विनष्ट नहीं कर सकता, जिसका मन के अतिरिक्त जहां वह छिपा सा पड़ा रहता है, कहीं अन्यत्र अपना अस्तित्व ही नहीं होता। अतीत पर सोचते रहने की कितनी भी मात्रा न तो अतीत को मिटा सकती है और न उसे अघटित कर सकती है (जो घटित हो चुका है)। काल अप्रत्यक्ष होकर गतिमान रहता है तथा कोई भी मनुष्य घड़ी की सुई को पीछे नहीं कर सकता है अथवा किसी बात को नहीं बदल सकता है, जिसे सदा के लिए अतीत में दफना दिया

गया है और जिसका यथार्थ जगत में अस्तित्व ही नहीं है। मनुष्य अतीत को ठीक प्रकार समझकर उससे शिक्षा ले सकता है। पुराने सड़ते हुए घावों को कुरेदने से नए संकट उत्पन्न हो जाएंगे तथा वे स्वस्थ होने की प्रक्रिया को ध्वस्त कर देंगे। आप उन व्यक्तियों को क्षमा कर दें, जिन्होंने आपको परेशान किया हो, क्योंकि बदला लेना या प्रतिशोध पाश्विक न्याय होता है। नकारात्मक पक्ष विपरीत प्रभाव उत्पन्न कर देते हैं। केवल सकारात्मक प्रयत्न ही सकारात्मक प्रतिक्रिया उपन्न कर सकते हैं तथा जीवन में शांति और उन्नति का मार्ग प्रशस्त कर सकते हैं। अतीत की भूलों पर अतिशय पछताना और विगत क्षतियों पर शोक करना स्थिति में सुधार नहीं करता, बल्कि अनावश्यक ही शक्ति का क्षय और शक्ति का विनाश कर देता है। आप अपनी पुरानी भूलों के लिए स्वयं को क्षमा कर दें तथा अपराध बोध को न बढ़ा लें। अपराध-बोध तभी निरंतर बना रहता है, जब आप स्वयं ही सोच में पड़े रहते हैं। अतीत का आपके साथ कोई यथार्थ संबंध नहीं है, भले ही आप मन में बरबस उसके साथ चिपके रहें। अतीत को फूंक से उड़ा दें तथा उसे अस्तित्वहीन और विलुप्त मानकर अस्वीकार कर दें।

हमें वर्तमान में भविष्य के निर्माण के लिए प्रयत्न करना चाहिये। जीवन का प्रबल ज्वार मनुष्य को आगे की ओर धकेल कर वर्तमान की मुख्य धारा से जोड़ देता है तथा मनुष्य स्वयं को आगे की ओर बढ़ने वाले जीवन प्रवाह में सम्मिलित हुआ पाता है। इस आशा और विश्वास को जगाएं कि प्रयत्नशीलता में दृढ़ मनुष्य के लिए भविष्य के भंडार में सुखद आश्चर्य भरे पड़े हैं। मनुष्य को आशा ही जीवित रखती है। यदि लक्ष्य स्पष्ट है, तो संदेहों और आशंकाओं के लिए स्थान कहां रहेगा? मनुष्य को प्रयत्नानुसार पुरस्कार देर या सबेर में मिलते ही हैं, इसलिए बिना भ्रांत हुए, बिना डगमगाए हुए और बिना संकोच, एक गौरवमय प्रभात की ओर बढ़ चलें।

जब हम भविष्य के बारे में चिंता करते रहते हैं, तो हम अपना समय और ताकत नष्ट करते रहते हैं, क्योंकि हमारा मन इधर-उधर भागता और झूलता रहता है, ये जानने के लिए कि हमारी इच्छाएं या योजनाएं पूरी होंगी कि नहीं। हमारा मन कल्पना एवं सपने देखता रहता है, जो कि अधिकतर सत्य से कहीं दूर होता है। आज जो हम हैं, वह हमारे अतीत के कर्मों का फल है। हम अपनी तकदीर और भविष्य खुद बनाते हैं। जब हम किसी अच्छे कार्य की योजना बनाते हैं, तो उसे सफल बनाने के लिए, हम आने वाले दिनों, हफ्तों और महीनों में क्या करना है, इसकी योजना भी साथ-साथ बनाते हैं। योजना सफल होगी कि नहीं, हमेशा ये चिंता करने से मन पर अनावश्यक बल पड़ता है। हर आने वाले दिनों,

हफ्तों और महीनों में क्या प्रगति हो रही है, इसका हमें समयानुसार पता लगता रहता है। कोई रुकावट आए, तो उसका उचित हल योजना में कार्य करने वाले सदस्यों के सुझाव, अपनी समझ और सलाहकारों की मदद से किया जा सकता है। कोई भी मानव पूर्ण नहीं है। केवल परमात्मा ही पूर्ण है। मानव में पूर्णता की खोज करना निराश होना है। प्रयत्नवादी बनें। पूर्ण बनने का प्रयत्न करें तथा पूर्ण होने के लिए सच्चा प्रयत्न करने और पूर्णता की ओर बढ़ते रहने में ही संतोष प्राप्त कर लें।

अपने मन को भूत और भविष्य के ख्यालों से हटाकर, क्यों न हम वर्तमान के बारे में सोचें, जो अपने हाथ में है। जब हम वर्तमान में रहते हैं तो सतर्क रहते हैं और अपने हाथ में जो कार्य हैं, उसे कुशलता से कर सकते हैं; क्योंकि बाधा डालने वाले भूत और भविष्य से मन मुक्त है। 'ध्यान' लगाने का प्रयास, मन को वर्तमान में लाता है। किसी एक विषय पर टिके रहना मन को पसंद नहीं, जब इसे किसी एक वस्तु या विषय पर लगाया जाता है, तो यह भाग कर दूसरे विचारों या विषयों पर चला जाता है। मन वर्तमान में रहना नहीं चाहता, अब क्या हो रहा है, इस बात में मन की रुचि नहीं। इसे तो भूतकाल और भविष्य ही पसंद है। आज और अब जो हो रहा है, उसमें तो वह सीमा में बंध गया, जबकि बंदिश में रहना मन का स्वभाव नहीं। वर्तमान में तो इसका दम घुटता है, भूत और भविष्य में घूमने के लिए बहुत स्थान है। क्योंकि ध्यान मन को एक दायरे में बांधता है, उसे दिशा दे देता है। इसलिए ध्यान वर्तमान में रहने की कला है। ध्यान का निरंतर अभ्यास करें। जब ध्यान परिपक्व हो जाएगा तो आप स्वतः ही वर्तमान में रहेंगे, भूतकाल की घटनाएं और भविष्य की चिंताएं आपको स्मरण में नहीं आएंगी जब तक आप इरादे से उनका स्मरण न करें।

संत कबीर समय का उचित उपयोग करने के लिए कहते हैं–

काल करै सो आज कर, आज करै सो अब।
पल में परलय होयगी, बहुरि करेगा कब॥

–संत कबीर

अर्थात् जो भी सत्कर्म या शुभ कार्य तुझे कल करने हैं, उन्हें आज ही कर ले और जो आज करने हैं, उन्हें अभी कर ले। मिथ्या बहाने, टालमटोल, आलस मत कर, क्योंकि उत्तम मानव-तन और सभी कल्याण-साधन आज तेरे साथ हैं। क्या पता पल-भर में प्रलय (भूकंप) हो जाए, कल तो काल के हाथों में है, फिर कब करोगे? अर्थात् सोचते ही सोचते सब समाप्त हो जाएगा।

समय के संदर्भ में योग-वाशिष्ठ में बताया गया है, समय किसी महानतम व्यक्ति को भी एक क्षण के लिए नहीं छोड़ता। समय सभी का विस्तार करता है अथवा फैलाता है। समय का कोई प्रत्यक्ष रूप या लक्षण नहीं होता, सिवा इसके कि इसे सेकेंडों, मिनटों, घंटों, दिनों, महीनों, वर्षों तथा युगों में जाना जाता है। समय का नाच चलता रहता है। यह प्रलय का भयानक रूप धारण कर, इस संसार को आगमय कर जला के राख कर देता है या जलमय कर पानी-पानी कर देता है। इसके राह को कोई भी नहीं रोक सकता है। प्रलय के बाद समय अपना अस्तित्व खो देता है और अनंत में विलीन हो जाता है। कुछ समय बाद इसका दुबारा उदय सृष्टिकर्ता, रक्षक और विनाशक के रूप में होता है। इस प्रकार समय अपनी गति द्वारा फैलाता है, रक्षा करता है, और अंत में सबका विनाश कर देता है।

3 प्रेम और घृणा

पड़ि पड़ि के पत्थर भए, लिखि भए जु ईट।
कबीर अंतर प्रेम का, लागी नेक न छींट ॥

–संत कबीर

कबीर कहते हैं कि संसार के बहुत से लोग पढ़-पढ़कर पत्थर के समान और लिख-लिखकर ईंट की तरह कठोर हो जाते हैं। उनके अंतर में प्रेम की तनिक भी छींट नहीं लगी, इसलिए वे सरल, सरस हृदय के सच्चे मनुष्य नहीं बन पाते।

प्रेम बिना नहिं भेष कुछ, नाहक करै सुवाढ।
प्रेम बाद जब लग नहीं, सबै भेष बरबाद ॥

–संत कबीर

जब हृदय में प्रेम ही न हो, तो वेश धारण करना बिल्कुल व्यर्थ है। इसके लिए वाद-विवाद करना भी निरर्थक है। जब तक प्रेम की बातचीत अथवा प्रेम का सच्चा व्यवहार न हो, तब तक प्रेमी द्वारा प्रेम का वेश धारण करना बरबादी का लक्षण है।

प्रेम भाव इक चाहिये, भेष अनेक बनाय।
भावै घर में वास कर, भावै बन में जाय ॥

–संत कबीर

अर्थात् प्रेम का एक मात्र पवित्र भाव हृदय में होना चाहिये, तब बहुत-से रूपों के अनेक वेश बनाओ, कोई बात नहीं। फिर तो चाहे अपने घर में गृहस्थ बनकर रहो, साधु-संत या संन्यासी का वेश धारणकर एकांत वन में जाकर जप-साधना में लीन रहो।

प्रेम ऐसी सुनहरी कड़ी है, जो दिल को दिल को दिल से, मन को मन से और आत्मा को आत्मा से जोड़ता है। प्रेम स्वार्थरहित होता है। प्रेम बड़े-बड़े बलिदान देता है। प्रेम दूसरों की सेवा और सहायता करने के लिए उत्सुक रहता है और दूसरों को खुशी देता है। प्रेम दूसरे की गलतियों को क्षमा कर देता है। मां का प्रेम कभी नहीं थकता है और न खत्म ही होता है। मां का प्रेम हमेशा बना रहता है। सेवा और प्रेम के सामने सभी नतमस्तक हो जाते हैं। इनसे सारे जगत को जीता जा सकता है।

प्रेम और मोह में बहुत फर्क होता है। कभी-कभी मोह को गलती से प्रेम समझ लिया जाता है। मोह स्वार्थनिहित होता है और अपनी खुशी के लिए किया जाता है, जबकि प्रेम स्वार्थरहित होता है और दूसरों की खुशी के लिए किया जाता है। मोह को बदले की इच्छा रहती है, जबकि प्रेम को बदले में कुछ नहीं चाहिये। प्रेम, प्रेम को जगाता है। प्रेम सिर्फ प्रेम के वास्ते किया जाता है। पवित्र प्रेम हमको मोहरहित और स्वार्थरहित बनाता है। इसलिए हमको दुःख नहीं देता।

स्वामी शिवानंद ने कहा है कि प्रेम मुक्ति का द्वार खोलने की उच्चतम चाबी है। अगर जीवन सुंदर फूल है, तो शहद प्रेम है। यह संसार प्रेम से उत्पन्न हुआ है, प्रेम के कारण चल रहा है और अंततः प्रेम में ही विलीन होता है। भौतिक प्रेम निर्लज्ज और वासनामय होता है और आपको इस संसार के साथ बांधता है। पवित्र प्रेम परम सुख देता है और आपको इस संसार से मुक्ति की ओर ले जाता है। स्वामी शिवानंद कहते हैं कि ऐसा अनुभव करो कि सारे सांसारिक व्यक्ति आपके शरीर हैं और सारा संसार आपका घर है। ऐसे सारे व्यवधान खत्म कर दो, जो व्यक्ति को व्यक्ति से अलग रखते हैं। बड़े व छोटे का विचार अज्ञान है, भ्रम है। व्यापक प्रेम विकसित करो। एकता में पारलौकिक जीवन है।

स्वामी विवेकानंद कहते हैं–

- भगवान के लिए उच्चतम प्रेम, बिना त्याग के कभी प्राप्त नहीं हो सकता है।
- प्रेम समय और स्थान से परे है, प्रेम अपने आपमें पूर्ण है।
- निर्दोष प्रेम मनुष्य के रिश्तों में मिलना दुर्लभ है।
- प्रेम में कोई सौदा नहीं होता।
- प्रेम ही एक माध्यम है, जिससे आध्यात्मिक शक्ति हस्तांतरित की जा सकती है।
- जीवन में प्रेम ही ऐसी चीज है, जो किसी भी कीमत पर लेने लायक है।
- प्रेम करना सबसे आसान है, इसे किसी तर्क का इंतजार नहीं रहता, यह स्वाभाविक है।

– दया और प्रेम से आप सारी दुनिया मोल ले सकते हैं।
– अच्छा प्रभाव आप प्रेम और सहानुभूति से ही पैदा कर सकते हो।
– भीख मांगना प्रेम की भाषा नहीं।
– प्रेम तब तक नहीं आता, जब तक वासना हो। वासना प्रेम की मृत्यु है।
– सबसे बराबर प्रेम करना वास्तव में मुश्किल है, परंतु इसके बिना मुक्ति नहीं।
– जब आप प्रेम करते हो, वही प्रेम आपके पास वापिस आता है, इस तरह वह अपनी परिधि पूरा करता है।

प्रेम के बारे में कबीर कहते हैं कि प्रेम सभी की आवश्यकता है। सबको प्रेम चाहिये। प्रिय की प्राप्ति का अर्थ प्रिय का प्रेम प्राप्त करना है। भोगी और योगी दोनों को ही प्रिय का प्रेम चाहिये। उनके उद्देश्य समान हैं, परंतु प्रेम के पात्र का अंतर है। भोगी का प्रेम सांसारिक है, जो क्षण-भंगुर है। इसके विपरीत योगी या भक्त का प्रेम आध्यात्मिक है, जिसका कभी नाश नहीं होता। आध्यात्मिक और आत्मिक प्रेम का देह से संबंध नहीं होता, जबकि भौतिक प्रेम का संबंध देह से है। भौतिक प्रेम में शारीरिक अलगाव बना रहता है, क्योंकि दो शरीर कभी एक नहीं हो सकते। आध्यात्मिक प्रिय भक्त के हृदय में होता है और भक्त का प्रिय उसके भीतर ही होता है।

घृणा अहंकार से पैदा होती है और दिल को दिल और मन को मन से अलग करती है। घृणा उस व्यक्ति से होती है, जो आप से वह चीज़ छीनना चाहता है, जिससे आपको मोह हो। जब आप किसी व्यक्ति से घृणा करते हैं तब उसमें आप अच्छाइयां नहीं देख पाते। यहां तक कि अगर उस व्यक्ति की अच्छाइयां सिद्ध भी कर दी जाए, तब भी उस पर संदेह होता है। घृणा मन में छिपी रहती है। घृणा प्रेम से ही खत्म की जा सकती है, घृणा से नहीं।

कोई भी व्यक्ति से जाति, धर्म, लिंग, उम्र, रंग, भाषा, प्रदेश, देश आदि के आधार पर घृणा करना गलत और निराधार है। हर व्यक्ति में वही आत्मा है, फिर किसी से भी क्यों घृणा करनी चाहिये। हम कितने ही सोने के गहने बनाते हैं। उनको शरीर के अलग-अलग भाग में पहनते हैं, लेकिन यह एक ही सोना है। सब व्यक्तियों में वही खून दौड़ रहा है चाहे वह किसी धर्म, जाति, रंग-रूप, भाषा-भाषी, देश-प्रदेश में फर्क रखते हों। अलग-अलग लोगों की तथा अलग-अलग समुदायों की जिनकी शैली अलग-अलग होती है। हर एक शैली का कोई अर्थ होता है। हमें हर शैली को अपने ही नजरिए से देखकर, उसमें दोष क्यों निकालने चाहिये? एक ही कार्य हम अलग-अलग तरीके से भी कर सकते

हैं, इसीलिए अलग-अलग शैलियां बन जाती हैं। तब फिर दूसरी शैली से घृणा क्यों?

एक व्यक्ति जो अहंकारी होता है, अपने ही विचार को सही मानता है और वह तुच्छ चीजों पर भी परेशान हो जाता है। थोड़ा सा अपमान या थोड़ा सा कठोर वचन उसका संतुलन बिगाड़ देता है, क्योंकि वह अहंकार से भरा होता है। वह दूसरों से घृणा करने लगता है, जब उसके अहंकार को ठेस पहुंचती है।

भगवान बुद्ध ने कहा था कि पाप से घृणा करो पापी से नहीं, क्योंकि पापी ने पाप अज्ञानता से या काम, क्रोध, लोभ, मोह और अहंकार जैसे दोषों के प्रभाव में आने से किया। उस पापी को उचित व्यवहार से सुधारने की जरूरत है। वाल्मीकि और अजामिल में बदलाव देखिए, जिन्होंने मन, वचन और कर्म में बदलाव किया और वे पापी से पवित्र बन गए।

अपमान, भ्रांति, तिरस्कार, तंग करना, हंसी उड़ाना, भौंह चढ़ाना, मुंह बनाना आदि घृणा के दूसरे रूप हैं। घृणा बार-बार आती है, जैसे दूध में एक बार उबालने के बाद भी बार-बार उबाल आता है। घृणा, लोभ और वासना की तरह सदा असंतुष्ट रहती है। स्वार्थ, ईर्ष्या, लोभ और वासना, ये सब घृणा के सेवक हैं।

घृणा को दूर करने के लिए अपने में प्रेम, दया और क्षमा जैसे गुण विकसित करने होंगे। अपने में अहंकार और घमंड को हटाना होगा। प्रेम और क्षमा का अभ्यास, घृणा को धीरे-धीरे मिटा देगा।

(1) निम्नलिखित स्वामी रामतीर्थ जी का दृष्टांत (नीति कथा या कहावत) प्रेम और घृणा के बारे में नीचे दिया है–

प्रेम का कानून
(एक राजा का बदलता मन)

एक राजा शिकार करने जंगल में गया। शिकार खोजने के चक्कर में वह अपने साथियों से बिछुड़ गया। बहुत गर्मी थी और उसे बहुत प्यास लग रही थी। उस जंगल में उसे एक छोटा बगीचा मिल गया। राजा बगीचे में गया और वहां बगीचे के माली से मिला। चूंकि राजा वर्दी में नहीं था तथा माली ने भी पहले उसे देखा नहीं था, इसलिए राजा को न पहचान सका। उसने माली को फल का जूस लाने को कहा। माली बगीचे में गया और अनार का जूस निकालकर बड़ा कप भरके ले आया। राजा ने जूस पी लिया, पर उसकी प्यास नहीं बुझी। इसलिए राजा ने एक कप और लाने को कहा। माली फिर बगीचे में गया, तो राजा सोचने

लगा कि माली का बगीचा खूब कमाई वाला है, क्योंकि चंद मिनटों में वह उतना बड़ा कप भर के अनार का जूस निकाल ले आया। राजा सोच रहा था कि माली पर भारी कर लगाना चाहिये। उधर माली को अनार का जूस निकालते करीब एक घंटा हो गया था, तब भी कप नहीं भर पाया था। राजा को बहुत आश्चर्य हुआ कि उतने देर से वह जूस निकाल रहा है, फिर भी कप नहीं भरा क्या?

माली एक घंटे बाद आया और जूस का कप राजा को दिया। राजा ने कहा कि कप पूरा नहीं भरा, जबकि पहले चंद मिनटों में वह कप पूरा भर के लाया था, क्या कारण हो गया? माली एक संत था, उसने उत्तर दिया, ''हमारे राजा के उदार तथा परोपकार पूर्ण विचार थे, जब मैं पहला कप अनार का जूस निकालने गया था। लेकिन जब मैं दूसरा कप जूस निकालने गया, तब हमारे राजा का उदार स्वभाव बदल गया। इसके अलावा कोई दूसरा कारण मैं नहीं दे सकता अपने रसयुक्त अनारों के स्वभाव बदलने का।'' माली का कहना बिल्कुल सही था, क्योंकि राजा पहले जब बगीचे में आया तो उसका उदार भाव था तथा वह सोच रहा था कि इन गरीब लोगों की सहायता करनी चाहिये, परंतु जब दूसरा जूस का कप निकालने माली गया तो उसकी सोच बदल गई थी तथा माली पर भारी कर लगाने का भाव था। राजा के मन के बदलने से प्रकृति में भी बदलाव आया और अनारों में जूस कम हो गया। कुछ ही क्षणों में राजा ने प्रेम के कानून को तोड़ दिया, इसलिए अनार के पेड़ों ने जूस रोक लिया।

जब हम प्रकृति से समता या समन्वय रखते हैं, तो सब हमारे अनुकूल रहता है। लेकिन क्षणों में मन बदलने, अनबन या विरोध होने पर प्रकृति, हमारे दोस्त, हमारे रिश्तेदार, यहां तक की सारी दुनिया हमारे विरुद्ध खड़ी हो जाती है।

सार–*प्रेम उदारता और सहायता लाता है तथा लोगों को संगठित करता है। जबकि घृणा, कलह और नुकसान करती है तथा लोगों का विभाजन करती है।*

हैं और व्यक्ति को घमंडी बनाती हैं। घमंड दिखाने की सिर्फ एक क्रिया व्यक्ति के सारे गुणों का नाश कर देती है। जब व्यक्ति उतावला हो जाता है, तो घमंडी व्यक्ति को यह पता नहीं लगता कि वह वास्तव में क्या कर रहा है। वह व्यक्ति बाद में होश आने पर पश्चात्ताप करता है। उतावलापन घमंड को जगाने में शक्ति देता है।

कबीर गर्व न कीजिए, रंक न हँसिए कोए।
अजहूं नाव समुद्र में, ना जानौ क्या होय॥

–संत कबीर

कबीर कहते हैं कि अपने तन, धन, बल एवं जाति-कुल का किसी भी प्रकार से अहंकार न करो और जो लोग दुःखी-दीन, हीनजन हैं, उनकी हंसी न उड़ाओ। अभी तो तुम्हारी जीवन-नौका संसार के समुद्र के बीच में पड़ी हुई है, न जाने कब क्या हो जाए। न जाने कब कौन-सा संकट या तूफान आ जाए और यह पार लगे न लगे।

घमंड माया के रजोगुण से उत्पन्न होता है। सभी 'मैं' के अहंकार से ग्रस्त हैं। घमंड मन के ऊपर सवार रहता है। घमंडी व्यक्ति को घमंड को बढ़ाने में ही सुख मिलता है। घमंड निम्नतम श्रेणी से लेकर उच्चतम श्रेणी तक के जीवों में किसी-न-किसी रूप में विद्यमान होता है। यह एक भयंकर विकार है, जिससे जीवन में अनेक विघ्न, क्लेश, दुःख आदि सामने आते हैं। जब तक व्यक्ति में घमंड है, तब तक वह न तो दुनिया से कुछ सीख सकता है और न ही आत्मा से। घमंड को जड़ से उखाड़ने के लिए अपने विचारों को, कहे हुए शब्दों, किया जा रहा कार्य को बड़े ध्यान से देखो। व्यक्ति को शब्दों की ताकत या प्रभाव को समझना चाहिये और इसलिए सावधानी से बोलना चाहिये। व्यक्ति विनम्र होना तब शुरू हो जाता है, जब वह सबको आदर देने लगता है और सब से मीठे एवं नपे-तुले शब्द बोलने लगता है। घमंड को हटाने के लिए, व्यक्ति को अपने अंदर नम्रता, सहनशक्ति और प्रेम जैसे गुण विकसित करने पड़ेंगे। जब व्यक्ति बार-बार घमंड दिखाता है, तो उसको नीचा देखना पड़ता है या उसका अपमान होता है, तब उस व्यक्ति को समझना चाहिये कि उसका जीने का ढंग या व्यवहार का तरीका गलत है। तुरंत ही विनम्रता का अभ्यास शुरू कर देना चाहिये। घमंडी व्यक्ति को किसी से अपनी सेवा नहीं कराना चाहिये, इसके बजाय खुद दूसरों की सेवा करनी चाहिये। घमंड को जड़ से उखाड़ने का यह अच्छा

कदम है। घमंड तब खत्म हो गया समझिए, जब व्यक्ति अपमान होने पर, यहां तक कि दंड मिलने पर भी शांत और विनम्र रहे।

संत कबीर के नीचे लिखे दोहे का मतलब समझें–

कागा काको धन हरै, कोयल काको देत।
मीठा शब्द सुनाय के, जग अपनो करि लेत॥

–संत कबीर

कौआ किसका धन चोरी करता है और कोयल किसको क्या देती है? कोयल केवल मीठे शब्द सुनाकर ही सारे जग को अपना बना लेती है, परंतु कौआ अपनी कांव-कांव की कड़वी बोली के कारण सबको बुरा लगता है।

संत कबीर का घमंड के संदर्भ में नीचे लिखा दोहा जानें–

माटी कहै कुम्हार सों, क्या तू रौंदे मोहि।
एक दिन ऐसा होयगा, मैं रौंदूंगी तोहि॥

–संत कबीर

अर्थात् बोधरूप में मिट्टी कुम्हार से कहती है कि मुझे क्या पैरों से कुचलता है? अधिक घमंड न कर, समय सदा एक समान नहीं रहता। एक दिन ऐसा भी आएगा कि जब मैं तुझे रौंदूंगी, अर्थात् हर किसी को दूसरों के साथ विनम्र और उदारतापूर्ण व्यवहार करना चाहिये।

घमंड को मिटाने के लिए संत कबीर मन को शांत रखने के लिए कहते हैं–

जग में बैरी कोय नहीं, जो मन शीतल होय।
या आपा, को डारि दे, दया करे सब कोय॥

–संत कबीर

यदि अपना मन शांत है, तो फिर इस संसार में अपना कोई शत्रु नहीं है, क्योंकि मन की अशांत अवस्था में अन्य जनों से झगड़ा होता है। यदि अपने घमंड को त्यागकर विनम्र बन जाओ, तो सभी तुमसे दया और प्रेम का व्यवहार करेंगे।

अहंकार, गर्व, अक्खड़पन, अभिमान, आडंबर, अशिष्ट, धृष्ट, कर्कश, उग्र, रूखा, रोब ये सब घमंड के पर्यायवाची शब्द हैं।

घमंड अवगुण को दूर हटाने के लिए नम्रता और क्षमा को ग्रहण करें और साथ में प्रार्थना, जप, कीर्तन और ध्यान का प्रयोग करें, तब घमंड चूर-चूर हो जाएगा।

कबीर कहते हैं कि यदि व्यक्ति अपने को परमात्मा का अंश आत्मा समझ ले, तो देह का घमंड खत्म हो जाएगा।

नर नारायण रूप है, तू मति जानै देह।
जो समझे तो समझ ले, खलक पलक की खेह ॥

–संत कबीर

हे नर! तू साक्षात् नारायण-स्वरूप है। तू शरीरधारी तो अवश्य है, परंतु अपने को जड़ शरीर मत समझ। तू देह से सर्वथा भिन्न चेतन, अविनाशी एवं आत्मस्वरूप स्वयं को समझ ले, अर्थात् किसी संशय में मत पड़, यह शरीर पल भर में ही धूल में मिलने वाला है।

5 क्षमा और क्रोध

जहां दया वहां धर्म है, जहां लोभ तहां पाप।
जहां क्रोध वहां काल है, जहां क्षमा तहां आप॥
–संत कबीर

अर्थात् जहां दया है, वहीं धर्म है और जहां लोभ है, वहीं पाप है। जहां क्रोध है, वहीं काल का वास है, परंतु जहां क्षमा है, वहां कोई दोष नहीं होता, वहां केवल अंतर्यामी परमात्मा ही बोध स्वरूप होता है।

क्षमा का भाव है, दूसरे द्वारा अपने पर किए गए अपराध को ध्यान नहीं देना है। प्रेम के अनेक रूप हैं, करुणा, दया, वात्सल्य, स्नेह, सहानुभूति, सेवा, परोपकार, त्याग, बलिदान आदि किंतु क्षमा प्रेम का चरमबिंदु है।

प्रेम का पूर्णत्व क्षमा में है। आप बिना क्षमाशील हुए प्रेमपूर्ण नहीं हो सकते। क्षमा आत्मा का प्रकाश है। श्रीकृष्ण गीता में कहते हैं, क्षमा स्वयं भगवान का रूप है। क्षमा से मन की आकुलता नष्ट होती है और स्थिरता आती है। क्षमा मन को निर्मल करती है और उसमें सात्विकता का संचार करती है। जो मनुष्य दूसरों को क्षमा नहीं कर सकता, वह अपने आपको भी क्षमा नहीं कर सकता है तथा वह अपराध भावना से ग्रस्त रहकर सदैव आबद्ध एवं कुंठित रहता है। दूसरों को उनकी त्रुटियों के लिए क्षमा करें, किंतु आप स्वयं को अपनी त्रुटियों के लिए उनसे ऊपर उठकर क्षमा करें। बिना प्रेम और क्षमा के कोई भी व्यक्ति शांत और सुखी नहीं हो सकता। तुच्छ व्यक्ति छोटी-छोटी बातों पर चिढ़ जाते हैं या नाराज हो जाते हैं, जबकि महान व्यक्ति स्वभाव से ही क्षमाशील होते हैं। क्षमाशील व्यक्ति दयालु और संवेदनशील होता है। जब हम किसी से क्षमा की याचना करते हैं, हम वास्तव में क्रोध को दूर हटाने की प्रार्थना करते हैं। कठोर व्यक्ति क्षमा मांगने और क्षमा देने में संकोच करता है, जबकि उदार व्यक्ति सहर्ष

क्षमा का आदान-प्रदान करता है। क्षमाशील व्यक्ति दूसरों के दोष नहीं देखता है, उनके गुण देखता है। अहंकार मनुष्य को क्षमा से दूर हटाकर उसे कठोर बनाता है और उसके मस्तिष्क में दूषित संस्कार उत्पन्न करता है। क्षमा हमें शारीरिक स्तर पर उच्च रक्तचाप आदि से रक्षा करती है, मानसिक स्तर पर तनाव, व्याकुलता, अशांति के लक्षणों से मुक्त करती है और आध्यात्मिक स्तर पर चारों ओर वातावरण को मधुर बना देती है। क्षमा अंधकार में भटकते हुए कुंठाग्रस्त मन के लिए प्रकाश है। कोई घटना को बरबस भूलने के बजाय उसकी कटुता को क्षमाभाव से धो देना उचित होता है। भूलने का सच्चा अर्थ स्मृति की कटुता को धोना है।

दुःखी मनुष्य क्षमा के विशेषाधिकारी होते हैं। रोगी के प्रति हमें विशेष सहज एवं क्षमाशील होना चाहिये तथा असमर्थ एवं दुर्बल व्यक्ति के दोष को क्षमा का विशेष महत्त्व है। क्षमा वीर व्यक्ति का शस्त्र है और यह आत्मविजय प्राप्त करने पर अर्जित होती है। उत्तम पुरुष व्यक्तिगत क्रोध से उत्तेजित न होते हुए कर्तव्य भावना से प्रेरित होकर समाज कल्याण के हित में ही दंड देता है तथा उचित अवसर आने पर क्षमादान कर देता है।

क्रोध एक प्राकृतिक मनोविकार या असंतोष की भावना है, जो वास्तविक अपमान या उत्तेजित होने से आता है। यह क्रोध उस व्यक्ति पर आता है, जिसने क्रोधी को उत्तेजित किया है या क्रोधी ने उसे उत्तेजित करने वाला समझा है।

संत कबीर क्रोध को काम का ही दूसरा रूप मानते थे। कामना पूर्ति में विघ्न आने पर क्रोध आता है। मोह-माया इसका मूल कारण है।

कोटि करम लागे रहै, एक क्रोध की लार।
किया कराया सब गया, जब आया हंकार॥

–संत कबीर

क्रोध तो केवल एक ही होता है, परंतु उसके साथ करोड़ों कर्म जुड़े रहते हैं। राग, द्वेष, ईर्ष्या, मद, लोभ तथा मोह-माया आदि के अनगिनत दुष्कर्म, पाप आदि क्रोध से उपजते हैं। क्रोध से सारा पुण्य व धर्म-कर्म नष्ट हो जाता है।

परदोष–दर्शन की प्रवृत्ति एवं अहंभाव के बढ़ने पर मन में घृणा बढ़ जाती है। घृणा के संचित होने पर उसका क्रोध के रूप में सहसा विस्फोट हो जाता है। क्रोध आने पर क्षमा विलुप्त हो जाती है। क्रोध विवेक का हरण कर लेता है तथा मनुष्य को सत्य और न्याय से हटा देता है। क्रोध, शक्ति एवं पुण्य को नष्ट कर देता है। मनुष्य जो कुछ तप, संयम, दान करता है, उसे क्रोध फूंक देता है। क्रोध नाश करने वाला ऐसा शत्रु है, जो मित्र प्रतीत होता है किंतु सर्वथा पतनकारक है।

क्रोध मूर्खता से शुरू होता है और पश्चात्ताप के साथ खत्म होता है। जो आग तुम दुश्मन को जलाने के लिए लगाते हो, उसमें खुद जल जाते हो। एक क्रोधी व्यक्ति दुबारा अपने पर क्रोध करता है, जब वह होश में आता है। क्रोध सभी कार्यों की सिद्धि में प्रथम विघ्न है। क्रोध करना मूर्खता का लक्षण है, ज्ञानी का नहीं। क्रोध अज्ञान से उत्पन्न होता है तथा अहंकार से बढ़ता है। क्रोध पर विजय पाना कठिन है, परंतु क्षमाशील स्वभाव होने पर क्रोध उदय नहीं होता है।

क्रोधी पर क्रोध न करने वाला विशेष होता है। मूर्ख अकारण क्रोध करते हैं तथा बुद्धिमान व्यक्ति सकारण क्रोध करते हैं, किंतु संत कभी क्रोध नहीं करते हैं। वैर का वैर से शमन नहीं होता, क्षमाभाव से वैर निर्मूल होता है। क्षमा से ही भटके हुए मानवों के अंतस्थल में प्रकाश जगाकर उन्हें सुधारा जा सकता है। अपार क्रोध को अपार क्षमा से ही शांत किया जा सकता है।

क्रोध आने पर व्यक्ति गाली देता है और फिर गालियों का सिलसिला चलता रहता है। संत कबीर इसी संदर्भ में यह दोहा कहते हैं,

आवत गारी एक है, उलटत होय अनेक।
कहैं कबीर नहिं उलटिए, वही एक की एक॥

—संत कबीर

जब कोई किसी को गाली देता है, तो आते हुए गाली एक होती है, परंतु उसके प्रत्युत्तर में जब दूसरा भी गाली देता है, तो वह एक की अनेक हो जाती है। कबीर कहते हैं कि आती हुई उस गाली को मत उलटो, अर्थात् उसे शांत-संयम भाव से सहन कर जाओ। फिर वह एक की एक ही रहेगी और विवाद भी समाप्त हो जाएगा।

असंतोष, अप्रसन्नता, नाराजगी, उत्तेजना, रोष, आवेश, गुस्सा, प्रचंडता, ये सब क्रोध के पयार्यवाची हैं। क्रोध आने पर थोड़ा ठंडा पानी पीने से उत्तेजित नाड़ियां शांत हो जाती हैं। ओम् शांति के जप से भी क्रोध शांत होता है। क्षमा का अभ्यास क्रोध पर विजय प्राप्त करने का उत्तम उपाय है। क्षमाशीलता, अभ्यास एवं साधना से दृढ़ होती है।

6 लोभ और संतोष

जब मन लागा लोभ सों, गया विषय में भोय।
कहैं कबीर विचारि के, केहि प्रकार धन होय॥
—संत कबीर

अर्थात् जब मनुष्य का मन धन के लोभ में आसक्त हो जाता है, तो वह विषयों के चक्कर में फंसकर स्वयं को विस्मृत कर दिन-रात बस यही सोचता रहता है कि किस प्रकार धन का संग्रह हो?

लोभ ऐसी प्यास है, जिसके कारण व्यक्ति अधिकाधिक धन, नाम, प्रशंसा, पद, पदार्थ आदि प्राप्त करने में लगा रहता है, लेकिन ये प्यास बुझती नहीं है।

लोभ और लालच एक ही चीज है। लोभ लालसा से उत्पन्न होता है। जहां लालसा होती है, वहां लोभ होता है। अधिक लोभ होने से मनुष्य की समझ धुंधली हो जाती है, स्मृति गड़बड़ा जाती है और मति फिर जाती है। ऐसी स्थिति में मनुष्य को आंखें होने पर भी दिखाई नहीं देता।

कबीर औंधी खोपड़ी, कबहूं धापै नांहि।
तीन लोक की संपदा, कब आवै घर मांहि॥
—संत कबीर

मनुष्य की यह उल्टी खोपड़ी इस प्रकार की है, जो कभी धन से तृप्त नहीं होती, बल्कि इसकी तृष्णा और भी बढ़ती जाती है। लोभी व्यक्ति हर समय यही सोचता रहता है कि तीनों लोकों की संपत्ति कब उसके घर आ जाए।

लोभ और मोह में घनिष्ठ संबंध हैं। लोभी व्यक्ति को अपने धन से बड़ा लगाव होता है। उसे ऐसा लगता है, जैसे पैसा उसका खून हो और उसकी जिंदगी हो।

वह धन इकट्ठा करने के लिए जीता है। वह अपने धन का चौकीदार बना रहता है और उस धन का उपभोग उसका खर्चीला पुत्र करता है। लोभी व्यक्ति आध्यात्मिक साधना के लिए उपयुक्त नहीं है। व्यक्ति को पहले अपने अंदर लोभ, लालच और लालसा का नाश करना होगा और स्वार्थरहित होने का अभ्यास करना होगा।

आप अपनी इच्छाओं पर अंकुश लगाकर, आवश्यकताओं को जितना संक्षिप्त करोगे, उतना ही आपका जीवन सादगी और संतोषपूर्ण होगा। लालसा, लालच और लोभ, जितना कम होता जाएगा, उतना ही संतोष बढ़ता जाएगा। अनियंत्रित इच्छाएं तनाव उत्पन्न करती हैं, क्योंकि वे मन को न शांत होने देती हैं और न विश्राम करने देती हैं तथा मन की शांति को ध्वस्त कर देती हैं। एक स्वार्थ केंद्रित मनुष्य नैतिक प्रतिमानों और आध्यात्मिक मूल्यों को क्षीण कर देता है।

यदि आप लोभी और लालची हैं, अपने आप तक ही सीमित हैं और दूसरों का विचार नहीं करते हैं, तो आप निःसंदेह क्लेश और दुःख के मार्ग का निर्माण कर रहे हैं। इससे आप अकेले और अलग पड़ सकते हैं। आप चिड़चिड़े और रुग्ण भी हो सकते हैं तथा अपनी शांति ध्वस्त कर सकते हैं। जो भी अपने पास है, उसमें ही संतुष्ट रहने का अभ्यास करें। इससे लोभ, लालच और लालसा कम होती रहेगी।

वास्तव में भौतिक समृद्धि निंदनीय नहीं है, क्योंकि उसका जीवन में अपना महत्त्व है। लेकिन लोभ या गंदे तरीके से धन और सत्ता को हड़पना, उसका दुरुपयोग करना निंदनीय है। धन मानव के अस्तित्व का लक्ष्य नहीं हो सकता। ईमानदारी से अर्जित किया हुआ धन अगर भौतिक समृद्धि के लिए लगाया जाए तो उचित है लेकिन मन, ऐश्वर्य और वैभवपूर्ण जीवन के लिए आसक्त नहीं होना चाहिये। आसक्ति या लालसा से लोभ उत्पन्न होगा और संतोष नहीं हो पाएगा।

कबीर कहते हैं कि फकीर मस्त और आनंद में रहता है, क्योंकि वह लोभ तथा संग्रह नहीं करता।

उदर समता अन्न ले, तनहिं समात चीर।
अधिकहिं संग्रह ना करै, तिसका नाम फकीर ॥

—संत कबीर

उदर पूर्ति के लिए भोजन लें, शरीर निर्वाह के लिए वस्त्रादि लें, जो जीवन के लिए जरूरी है, परंतु लोभवश जो अधिक संग्रह नहीं करता, उसी का नाम फकीर है, वही विरक्त-वैरागी संत है।

संतोष सात्विक गुण है, जो मनुष्य को भगवान की ओर ले जाता है। यह अनावश्यक और स्वार्थ के लिए किए जाने वाले कार्यों को करने से रोकता है। एक संतोषी व्यक्ति शांतिपूर्वक और ध्यान से अधिक कार्य कर लेता है, क्योंकि उसका मन व बुद्धि लोभ, लालच और लालसा न होने से बिखरती नहीं। एक संतोषी मन इस दुनिया में सबसे बड़ा वरदान है, क्योंकि यह खिन्न नहीं होता और मुनमुनाता (असंतोष की ध्वनि) नहीं करता है।

गौधन, गजधन, बाजधन, और रतनधन खान।
जब आए संतोष धन, सब धन धूलि समान॥

—संत कबीर

अर्थात् सारे धन एक के बाद एक प्राप्त हुए जैसे—गाय, हाथी, घोड़ा, रत्न और धन की खान। परंतु जब संतोष धन प्राप्त हुआ तो और सारे धन धूल के समान प्रतीत हुए। संतोष मिलने के बाद, कोई चाह शेष नहीं बची तथा परम आनंद प्राप्त हुआ।

व्यक्ति तभी संतुष्ट रह सकता है, जब उसने अपनी इच्छाओं पर नियंत्रण और अपनी आवश्यकताओं को कम करना सीख लिया हो। लोभ पर अगर अंकुश नहीं लगाया गया, तो लोभ बढ़ता ही जाएगा; क्योंकि उसका अंत नहीं है। बुद्धिमान व्यक्ति अपनी स्वार्थपूर्ण लालसाओं को समाप्त कर देते हैं तथा व्यक्तिगत आवश्यकताओं को कम कर देते हैं। ईर्ष्या भी मनुष्य को असंतुष्ट रखती है। संतोष प्राप्त करने के लिए ईर्ष्या और स्वार्थ दोनों को हटाना होगा।

स्वस्थ मन और स्वस्थ शरीर बनाने के लिए, संतोष एक उपयुक्त औषधि के समान है। खुशियां अधिकाधिक चीजों को इकट्ठा करने से नहीं, बल्कि जो है उसी में संतुष्ट रहने से होती हैं। जिस व्यक्ति को कम चाहिये, उसके पास हमेशा अधिक होता है।

एक कहावत है—जब हमारा वह नहीं है जिसे हम पसंद करते हैं, हमें वह पसंद करना चाहिये जो हमारे पास है। दूसरी कहावत है—अपनी तरफ से उत्तम करो, बाकी भगवान पर छोड़ दो। इन कहावतों पर अमल करने से भी संतोष मिलता होता है।

संतोष एक दैविक गुण है। संतुष्ट व्यक्ति अपने अंदर से संतोष प्राप्त करता है। संतोष प्राकृतिक संपत्ति है, जबकि विलास की सामग्री कृत्रिम है। एक संतुष्ट व्यक्ति चाहे गरीब ही क्यों न हो, दुनिया का सम्राट है। व्यक्ति को संतोष, शांति

और आनंद प्राप्त करने के लिए अपनी सभी इच्छाओं (जीवनयापन के अलावा) का त्याग करना होगा। संतोष, मोक्ष के द्वार खोलता है।

कबीर का भगवान पर विश्वास और संतोष नीचे लिखे दोहे से जानिए–

साईं इतना दीजिए, जा में कुटुंब समाय।
मैं भी भूखा न रहूं, साधु न भूखा जाय॥

–संत कबीर

भगवान मुझे सिर्फ इतना दीजिए, जिससे मेरे कुटुंब का गुजारा हो जाए तथा अपने साथ मैं अपने मेहमान साधु-संतों को भी खिला सकूं। लोभ, साधु-जनों का दास होता है। साधु-संत हमेशा संतुष्ट रहते हैं।

कबीर कहते हैं–

सदा रहै संतोष में, धरम आप दृढ़ धार।
आश एक गुरुदेव की, और न चित्त विचार॥

–संत कबीर

साधु-संतजनों का मन व्याकुल एवं चंचल नहीं होता। वे सदा संतोष वृत्ति में रहते हैं और धर्म को दृढ़ता के साथ धारण करते हैं। उन्हें केवल गुरुदेव की ही आशा होती है तथा उनके चित्त में संसारी विचार नहीं होते।

7

इच्छा और त्याग

चाह गई चिंता मिटी, मनुआं बेपरवाह।
जिसको कछु न चाहिये, सोई साहंसाह॥
–संत कबीर

अर्थात् इच्छा के जाते ही चिंता मिट जाती है और मन बंधनमुक्त हो जाता है। दूसरे शब्दों में कामना या इच्छा छोड़ने के बाद मन परम आनंदित रहता है।

इच्छाएं अनंत हैं, लेकिन इनका पूरा होना सीमित है। इच्छाएं सदा विस्मृत होने वाली एक जाल होती हैं। इच्छाओं की कोई सीमा नहीं होती है। व्यक्ति इच्छाएं करता रहता है और जब ऐसी स्थिति आ जाती है, जहां इच्छा पूरी नहीं हो सकती तब दुःख होता है। व्यक्तिगत ऐश्वर्य और वैभवपूर्ण जीवन की इच्छाओं का परित्याग उच्चतर उद्देश्यों की पूर्ति के लिए कर दिया जाना चाहिये। वास्तव में भौतिक समृद्धि निंदनीय नहीं है, क्योंकि उसका जीवन में अपना महत्त्व है। लेकिन सत्ता और धन मानव के अस्तित्व का लक्ष्य नहीं हो सकता।

इच्छा के बारे में स्वामी विवेकानन्द कहते हैं–

– *इच्छा तब तक नहीं आएगी, जब तक बाहर इसको पूरा करने की चीज़ न हो।*
– *इच्छा पूरा होने का संतोष, इच्छाओं को और बढ़ाता है, जिस तरह आग में घी डालने पर आग अधिक तेजी से जलती है।*
– *जब हम किसी चीज़ की आशा करते हैं, इच्छा तब भी हम पर शासन करती है।*
– *एक ही इच्छा, ये जानना कि सत्य क्या है–आध्यात्मिक इच्छा है।*
– *हमारी इच्छाएं हमेशा बदलती रहती हैं, जो आज हमें अच्छी लगती*

हैं कल उसे हम अस्वीकार कर देते हैं। सारी इच्छाएं कांच की माला के दानों के समान हैं।

- *हमारी इच्छाएं हमें बांधती हैं।*
- *इच्छाएं हमको गुलाम बनाती हैं।*
- *इच्छाएं चाहत-दुर्दशा की जड़ हैं।*
- *इच्छामुक्त होना हमें महान बनाता है।*

इच्छा के बारे में स्वामी शिवानंद कहते हैं–

- *इच्छा, विचार और अहंकार आपस में एक दुश्चक्र बनाते हैं, अगर उनमें से आप एक को खत्म कर देंगे, तो बाकी दो अपने आप खत्म हो जाएंगे।*
- *इच्छा ईंधन है और विचार आग है। विचार की आग तब तक जलती रहती है, जब तक इच्छा की ईंधन मिलती रहती है। अगर आप ईंधन देना बंद कर दें, तो आग ब्रह्म में लीन हो जाएगी।*

मानव-प्रकृति की विचित्रता देखिए कि जो भी उपलब्ध हो जाती है, मनुष्य को वह तुच्छ लगने लगती है और वह किसी और वस्तु की इच्छा करने लगता है। इस प्रकार एक के बाद एक इच्छा मनुष्य को दौड़ाती रहती है तथा उसे अपने ध्येय से दूर कर देती है। इच्छा को जीतने का उपाय उसको संतुष्ट करना नहीं बल्कि उसे भूखे मार देना है। अर्थात् जिस वस्तु की इच्छा मनुष्य के मन में बलवती हो, मनुष्य चेष्टा करके उस वस्तु से अपने आपको वंचित करे। इस प्रकार त्याग से ही इच्छा को जीतना संभव है तथा इसी से सुख-शांति मिलती है। जीवनयापन के लिए रोटी, कपड़ा और मकान की आवश्यकता इच्छा की श्रेणी में नहीं आती है।

त्याग का रहस्य है, अहंकार, मोह-माया और सूक्ष्म इच्छाओं-लालसाओं का त्याग। इस दुनिया में रहकर इसका न होना त्याग की सच्ची परीक्षा है।

ज्ञेयः स नित्यसंन्यासी यो न द्वेष्टि न काङ्क्षति।
निर्द्वन्द्वो हि महाबाहो सुखं बंधात्प्रमुच्यते॥

–गीता (5/3)

अर्थात् जो व्यक्ति न किसी से द्वेष करता है तथा न कोई इच्छा या कामना करता है, वह कर्मयोगी सदा संन्यासी ही समझा जाने योग्य है, क्योंकि राग-द्वेष आदि द्वंद्वों से रहित मनुष्य सुखपूर्वक संसार-बंधन (कर्म-बंधन) से मुक्त हो जाता है।

सार–संन्यासी लौकिक कर्म त्यागकर चिंतन, मनन, ध्यान आदि द्वारा परमात्मा की प्राप्ति में संलग्न रहने के कारण सभी के लिए पूज्य होता है। किंतु

वह कर्मयोगी, जो किसी से द्वेष अथवा घृणा नहीं करता तथा स्वार्थमय कामना नहीं करता और द्वंद्वमुक्त रहता है, नित्यसंन्यासी है तथा उसका महत्त्व किसी अन्य संन्यासी से कम नहीं है। निष्काम भाव से कर्म करने वाला तथा हर्ष-शोक, सुख-दुःख, लाभ-हानि, सफलता-विफलता, जय-पराजय, मान-अपमान में समबुद्धि रहने वाला कर्मयोगी समस्त कर्म करते हुए भी सदा संन्यासी है। उसे संन्यास ग्रहण करने की आवश्यकता नहीं है। अनेक पुरुष कर्म त्यागकर संन्यास तो ग्रहण कर लेते हैं, किंतु उनमें भौतिक पदार्थों के मोह तथा अपने-पराए का भेद बना रहता है। वे संन्यास ग्रहण करके भी अनाधिकारी (अधिकार नहीं) होने के कारण संन्यासी नहीं होते।

त्याग के बारे में स्वामी विवेकानंद कहते हैं–

– *त्याग एक ऐसा आधार है, जिस पर आचारशास्त्र या नीतिशास्त्र खड़े होते हैं।*
– *सारे धार्मिक विचारों की पृष्ठभूमि त्याग है।*
– *त्याग के द्वारा ही लक्ष्य पर पहुंचा जा सकता है, न कि मौज-मस्ती द्वारा।*
– *हर चीज के साथ डर का बोझ होता है, सिर्फ त्याग के साथ डर नहीं होता है।*
– *जिसने इंद्रियों को नियंत्रित कर लिया है, उसने त्याग कर लिया है।*
– *अगर आप भगवान को प्राप्त करना चाहते हैं, तो आपको कामा-कंचना का त्याग करना पड़ेगा।*
– *आत्म साक्षात्कार केवल त्याग से ही होता है।*

स्वामी शिवानंद त्याग के बारे में कहते हैं–

– *अमरत्व या आत्म साक्षात्कार केवल त्याग से पाया जा सकता है।*
– *त्याग, मन और इच्छा-शक्ति को मजबूत करता है, शांति प्रदान करता है।*
– *विषय त्याग और मोह-त्याग मानसिक अनुशासन हैं।*
– *बिना त्याग के रत्तीभर भी आत्मिक या आध्यात्मिक उन्नति नहीं हो सकती।*
– *पूर्ण त्याग एक दिन में नहीं आता, इसके लिए लंबा समय लगता है।*
– *त्याग इस धरती पर सबसे बड़ी ताकत है।*

गीता में श्रीकृष्ण ने कहा था–किसी भी मनुष्य के लिए कर्मों को पूरी तरह छोड़ना संभव नहीं है, इसलिए जो कर्मों के फल को त्याग दे, वही सच्चा त्यागी है। मोह के कारण नियत कर्म का त्याग करना तामस त्याग है। जो सब कर्मों

को दुःखमय मानकर शारीरिक क्लेश के भय से उनका त्याग करता है, उसे इस राजस त्याग का कोई फल नहीं मिलता है। लेकिन करना ही कर्तव्य है–ऐसे भाव से नियत कर्म करते हुए आसक्ति और कर्मफल का त्याग करना ही सात्विक त्याग है। संन्यासी का सही अर्थ सब कर्मों को छोड़कर जंगल में जाकर रहना नहीं, बल्कि केवल सकाम कर्म को छोड़ना है और निष्काम कर्म करते जाना है। किसी चीज को छोड़ देना त्याग है, परंतु उस चीज के प्रति आसक्ति तब खत्म होगी, जब उस चीज में अरुचि हो जाएगी। यही सच्चा त्याग या वैराग्य है।

तत्परं पुरुषख्यातेगुर्णवैतृष्ण्यम।

–पातंजलि योग सूत्र, समाधिपाद, (16)

पुरुष के ज्ञान से (आत्म ज्ञान होने पर) प्रकृति के गुणों में तृष्णा का सर्वथा अभाव हो जाना 'परम वैराग्य' है।

सार–समाधिपाद के सूत्र 15 दृष्टानुश्रविकविषयवितृष्णस्य वशीकार-संज्ञा वैराग्यम। इसमें वर्णित वैराग्य सामान्य है, ऊपरी-ऊपरी है। इसमें तृष्णा का अभाव तो हो जाता है, किंतु चित्त की वृत्तियां जीवित रहती हैं। जिससे वह पुनः भोगों की ओर जा सकती हैं। लेकिन ऊपर दिए (सूत्र-16) में वैराग्य की सर्वोच्च स्थिति को बताया गया है, जिसमें आत्मज्ञान हो जाने पर प्रकृति के गुणों में भी तृष्णा का सर्वथा अभाव हो जाता है; क्योंकि तृष्णा के बीज नष्ट हो जाने से फिर उसका पुनः उदय संभव नहीं है। इस प्रकार का वैराग्य 'परम वैराग्य' है। इन दोनों सूत्रों से स्पष्ट होता है कि वैराग्य लिया नहीं जाता, वह घटित होता है। यह साधना नहीं बल्कि उपलब्धि है, यह ऊपर से ओढ़े गए मुखौटे जैसा नहीं है, बल्कि भीतर हुए परिवर्तन का परिणाम है। भोगों की वासना का क्षय आत्मज्ञान के बिना नहीं हो सकता। परम वैराग्य होने पर परम सुख मिल जाता है।

संसार से चिढ़ना, उसे गाली देना, वैराग्य के लक्षण नहीं है। संसार से दुःखी होकर उससे भाग जाना, संसार का तिरस्कार करना अथवा संसार से घृणा करना इत्यादि भी वैराग्य नहीं है। यह रुग्ण मस्तिष्क की उपज है। भोग के बाद आए हुए वैराग्य में कुछ सत्यता है, किंतु आत्मज्ञान के बाद संसार के क्षुद्र सुख अपने आप छूट जाते हैं। यही सच्चा वैराग्य है। परमात्मा की प्राप्ति पर फिर भौतिक बंधन कैसे रह सकते हैं? भगवान कृष्ण के जन्म के साथ ही जिस प्रकार सभी अज्ञानी पहरेदार सो जाते हैं, सभी ताले, किवाड़, बेड़ियां आदि अपने आप खुल जाते हैं तथा चेतना इस अज्ञान के कारागृह से मुक्त हो जाती है, यही अध्यात्म का रहस्य है।

(1) निम्नलिखित साधु वासवानी का दृष्टांत (नीति कथा या कहावत) इच्छा और त्याग के संदर्भ में दिया गया है।

बूढ़ा आदमी और गुलाबजामुन

एक बूढ़ा आदमी अपने पुत्र के परिवार के साथ रहता था। उसे घर में खाना-पानी मिल जाता था, लेकिन जेब-खर्च के लिए पैसा नहीं मिलता था तथा उसे कोई पेंशन भी नहीं मिलती थी। एक दिन सबेरे वह अपनी गली में घूम रहा था। एक गुलाबजामुन बेचने वाला वहां आया। बूढ़े आदमी ने देखा कि गुलाबजामुन बहुत लोग खरीद रहे थे। उसे भी गुलाबजामुन खाने की इच्छा हुई, तब उसने बेचने वाले से पूछा कि भई! कैसे दोगे? बेचने वाले ने बताया कि वह 10 रुपए में 4 गुलाबजामुन देगा।

बूढ़े आदमी के पास पैसे नहीं थे। नजदीक ही एक जगह बड़ा कारखाना बनाने का काम चल रहा था। वह वहां चला गया और बनाने वाले ठेकेदार से बोला, "मेरे को कुछ काम दीजिए।"

ठेकेदार ने कहा, "तुम बहुत बूढ़े हो, क्या काम कर पाओगे?

उसने जवाब दिया, "कुछ भी कर लूंगा।"

ठेकेदार ने कहा, "तुम ये ईंटें यहां से उठाकर दूर वहां ले जाओगे, तो सायं को मैं तुम्हें 20 रु. दूंगा।" तब वह बूढ़ा आदमी ईंटों को यहां से ले जाने लगा। बूढ़ा होने की वजह से दोपहर के समय तक वह थक गया और ठेकेदार से बोला कि वह और कार्य नहीं कर सकता। तब ठेकेदार ने आधे दिन के काम के उसे 10 रुपए दे दिए।

वह 10 रुपए लेकर गुलाबजामुन बेचने वाले के पास गया और 10 रुपए के उसने 4 गुलाबजामुन खरीदे। गुलाबजामुन लेकर वह दूर एक नदी के किनारे पहुंचा। वहां नदी के किनारे बैठ गया तथा उसने लिफाफे में से एक गुलाबजामुन निकाला और अपने से बोला, "गुलाबजामुन खाएगा, तो ईंट उठाएगा?" उसने वह गुलाबजामुन खाया नहीं, नदी में फेंक दिया। इसी तरह एक-एक करके बाकी गुलाबजामुन निकाले, अपने से प्रश्न किया और नदी में फेंक दिए तथा अपने घर आ गया।

सार–*ऐसी इच्छा जो जीवनयापन के लिए आवश्यक नहीं है, त्यागी जा सकती है।*

8 दान और कंजूसी

देह धरे का गुन यही, देह देह कछु देह।
बहुरि न देही पाइए, अबकी देह सुदेह॥

–संत कबीर

अर्थात् मनुष्य का तन पाने का गुण-लाभ यही है कि कुछ दे और दे, अर्थात् जितना भी संभव हो, दान कर दो, क्योंकि संभवतः यह तन पुनः प्राप्त न हो। अबकी बार मिला है, तो दान-पुण्य करने में संकोच मत करो।

जो जल बाढ़े नाव में, घर में बाढ़ै दाम।
दोनों हाथ उलीचिए, यही सयानों काम॥

–संत कबीर

यदि नाव में किसी कारणवश जल भरने लगे और घर में लाभ रूप से धन बढ़ता चला जाए, तो विलंब न करो। दोनों हाथों से उसे उलीचो, बाहर निकालो। यही बुद्धिमानी का काम है, अन्यथा डूब जाओगे। इसी प्रकार अधिक धन का संग्रह होने से अहंकार आदि का दोष उत्पन्न होता है, अतः धन को सेवा, दान व पुण्य कर्मों में लगाकर अधिक से अधिक खर्च करना चाहिये।

रितु बसंत याचक भया, हरखि दिया द्रुम पात।
ताते नव पल्लव भया, दिया दूर नहिं जात॥

–संत कबीर

बसंत ऋतु के याचना करने पर सभी वृक्षों ने खुशी से अपने पत्ते दे दिए। इससे शीघ्र ही उनमें नए-नए कोमल पत्ते आ गए, अतः यह दान कभी निष्फल नहीं जाता, बल्कि और अधिक उत्तम रूप में लौटकर वापस आता है।

दान दूसरों से प्रेम करना, उनसे अनुग्रह करना, उन पर कृपा करना और उनकी सहायता करना है। यह गरीब के साथ उदारता करना है। दान जरूरतमंद व्यक्ति की आवश्यकता पूरी करना है। दान देना प्रेम की क्रिया है। दान देने से हृदय साफ होता है। दान देने का कर्म हमेशा आपके साथ होगा। दान प्रसन्नता से दें, जल्दी दें और बिना हिचकिचाहट के दें। ऐसा कहा गया है कि प्रार्थना आपको भगवान तक पहुंचने के आधे रास्ते तक ले जाती है, उपवास दरवाजे तक और दान प्रवेश करा देता है।

सबसे प्रथम उत्तम दान है विद्यादान। जिसे पाने वाले का अज्ञान मिटता है। इससे दुःखभोग और दुर्दशा नहीं होती है। दूसरा उत्तम दान बीमार व्यक्ति को दवाई बांटना है, जिससे वह स्वस्थ हो सके। तीसरा उत्तम दान है अन्न-दान, जिससे भूखे व्यक्ति की भूख मिट जाए। इसके अलावा दान के कई तरीके हैं, जैसे-प्यासे को पानी पिलाना, रास्ते के कांटे, पत्थर व शीशे के टुकड़े हटाना। एक निराश व्यक्ति को साहस दिलाना। कभी-कभी छोटी-छोटी दया या सहायता, पैसे देने से अधिक कारगर होती है।

गीता में दानों को विभिन्न श्रेणियों (सात्विक, राजस और तामस) में वर्णन किया गया है–

दातव्यमिति यद्दानं दीयतेऽनुपकारिणे।
देशे काले च पात्रे च तद्दानं सात्विकं स्मृतम् ॥
यत्तु प्रत्युपकारार्थं फलमुद्दिश्य वा पुनः।
दीयते च परिक्लिष्टं तद्दानं राजसं स्मृतम् ॥
अदेशकाले यद्दानमपात्रेभ्यश्च दीयते।
असत्कृतमवज्ञातं तत्तामसमुदाहृतम ॥

–गीता (17/20.21.22)

अर्थात् 'दान देना कर्तव्य है' ऐसी भावना से जो दान देश, काल और पात्र को देखकर तथा बदले में बिना आशा के किया जाता है, वह दान सात्विक कहा जाता है। किंतु जो दान क्लेशपूर्वक तथा बदले में कुछ आशा के साथ फल को दृष्टि में रखकर किया जाता है, वह राजस दान कहा गया है। जो दान बिना सत्कार किए हुए अथवा तिरस्कारपूर्वक अनुचित देश, काल और कुपात्र को दिया जाता है, यह तामस कहा गया है।

सार—भूखे, नंगे, दरिद्र, अनाथ, रोगी, व्याकुल और भयग्रस्त मनुष्यों की सेवा करना भगवान की सेवा है। शरणापन्न दुःखी मनुष्य को अभयदान देकर उसे सन्मार्ग ग्रहण के लिए प्रेरित करना उत्तम दान है। दान-वृत्ति, स्वार्थ-वृत्ति एवं भोग-वृत्ति का शमन करके मनुष्य को उदार एवं पवित्र बनाती है। दान के मूल में त्याग की भावना रहती है, जो चित्त को शुद्ध करती है। विद्यालय, औषधालय, अनाथालय इत्यादि के निर्माण के लिए निःस्वार्थ भाव से दान देना सार्वजनिक हित के लिए दान है। किसी को कुपात्र देखकर दान न देना तो उचित है, किंतु किसी की कुपात्रता के कारण उसे कठोर एवं अपमानजनक शब्द कहना अनैतिक एवं अनुचित है। उत्तम पुरुष दान देते समय भी विनम्र एवं शालीन होते हैं तथा दान को यथासंभव गुप्त रखते हैं, उसका बखान नहीं करते। ऐसे सात्विक दान का महत्त्व अवर्णनीय है।

अनेक लोग इस आशा से किसी को दान अथवा सहायता देते हैं कि वह किसी समय उनको सहयोग देगा तथा उनके पक्ष का समर्थन करेगा। सत्ता एवं पद प्राप्त करने के उद्देश्य से अनेक लोग संस्थाओं को दान देते हैं। अनेक मनुष्य मान व प्रशंसा पाने के लिए दान देते हैं, उनके मन में दान देने की भावना नहीं होती। अनेक लोग देवताओं के साथ सौदा करते हैं कि यदि उनकी कामना पूर्ति होगी तो वे देव प्रतिमा के निमित्त दान देंगे। ऐसे राजस दान जिससे कालान्तर में लाभ होने की इच्छा अथवा आशा से अथवा मिथ्या अहंकार की तुष्टि के लिए दिए हुए दान से न चित्त की शुद्धि होती है और न आंतरिक प्रसन्नता होती है।

बिना सत्कार किए हुए अथवा तिरस्कारपूर्वक, बिना देश, काल आदि का औचित्य सोचे हुए जो दान कुपात्रों को दिया जाता है, वह तामसी है। अनेक लोग दुष्टजनों को दुर्व्यसनों के लिए धन देते हैं।

जनहित के उत्कर्ष के लिए निःस्वार्थ भावना से दिया हुआ दान सात्विक, स्वार्थ भावना से दिया हुआ दान राजसिक तथा धूर्तों एवं दुष्टों को दिया हुआ दान तामसिक कहा गया है। कुछ लोग दान देने के बाद अपना नाम अखबारों में देखने के लिए उतावले हो जाते हैं। यह दान कोई दान नहीं है।

एक बार महात्मा गांधी से एक दानी पुरुष ने शिकायत की कि कुछ लोगों ने उनके द्वारा स्थापित ट्रस्ट से उसे ही निकाल दिया। गांधीजी ने उससे कहा कि उसने दान की दृष्टि से दान नहीं दिया था, बल्कि मान-प्रतिष्ठा पाने के लिए व्यापार किया था और व्यापार में लाभ-हानि दोनों होते हैं, अतएव उसे हानि होने पर खेद नहीं करना चाहिये।

दान देने की भावना से दिया गया दान सब गुणों में उत्तम है। सात्विक दान किसी योग या यज्ञ से बढ़कर है। अगर संभव हो, तो दान गुप्त होना चाहिये। सच्चा दान वही है, जिसमें प्रतिक्रिया या इनाम की आशा न हो। उस व्यक्ति को धन्यवाद दें, जो आपको दान देने का अवसर देता है। प्रेम, दया, उदारता, सहानुभूति, विनम्रता, दान के साथी हैं। लोगों की भलाई और खुशी के लिए महान लोग इस धरती पर जन्म लेते हैं। **'दानेन पाणि'** अर्थात् दान हाथ की शोभा है। **'दाता सम्मानदानतः'** अर्थात् सम्मानपूर्वक दान से दाता सुशोभित होता है।

कंजूसी—अपनी वस्तु या संपत्ति को न किसी के साथ बांटना या न किसी को देना और वस्तुओं या धन को संचित करते रहना कंजूसी है।

बहुत जतन करि कीजिए, सब फल जाय नसाय।
कबीर संचै सूम धन, अंत चोर लै जाय॥

—संत कबीर

बहुत यत्न-उद्योग से संचित किए गए धन का सारा फल अंत में नष्ट ही हो जाता है। कबीर कहते हैं कि कंजूस मर गए, जिन्होंने सब कुछ होते हुए भी देने से इंकार कर दिया। कोई अपने पास आकर कुछ मांगे, याचना करे तो यदि हमारे पास है तो हमें दे देना चाहिये। यही हमारी ज्ञान, भक्ति का प्रमाण है।

कंजूसी, स्वार्थ का दोस्त और शांति का दुश्मन है। कंजूस व्यक्ति के चेहरे पर चिंता, लालच, ईर्ष्या, घृणा व निराशा का भाव रहता है। उसके लिए न अभी न बाद में कोई खुशी है। वे सिर्फ अपने धन-संपत्ति के चौकीदार हैं। एक कंजूस व्यक्ति दस लाख रखकर भी संतुष्ट नहीं रहेगा। वह और दस लाख रुपए की लालसा करेगा। एक करोड़पति अरबपति बनने की लालसा रखेगा। ऐसा व्यक्ति दान में कुछ भी नहीं देगा। ऐसे व्यक्ति कभी यह स्वीकार नहीं करेंगे कि उनके कार्य कंजूसों जैसे हैं, बल्कि वे सिद्ध करने कि कोशिश करेंगे कि ऐसा करना किफायती रहता है।

कंजूसी हृदय को कठोर बनाता है। कंजूस व्यक्ति भगवान से बहुत दूर है। वह अध्यात्म साधना में कोई भी प्रगति नहीं कर सकता, चाहे उसमें और कितने ही गुण क्यों न हों। व्यक्ति अगर अपनी कंजूस प्रकृति को खत्म कर दे, तो समझो आध्यात्मिक साधना का बड़ा हिस्सा पूरा हो गया है। कंजूसी से पाप होते हैं और दान देने से व्यक्ति पापमुक्त होता है।

कंजूसी एक अभिशाप है। सुख-चैन के लिए इसे दूर करना चाहिये। हमेशा अपने परिवार और आश्रितों के बारे में मत सोचो और इनसे बाहर की दुनिया भी अपनी है। जरुरत पड़ने पर पड़ोसी हमारी सहायता करते हैं और गलियों के लोग भी सहायता के लिए आ जाते हैं। जो भी हम सहायता करते हैं या देते हैं, वह लौट कर हमारे पास आती है। दान, प्रेम, सहायता आदि जो भी हम करते हैं, वह गोलाई की परिधि में चलकर हमारे पास वापिस आता है।

अपने हृदय को मुलायम बनाने के लिए लोगों के साथ बांटों, जो आपके पास है। ऐसा करने से आपके मूल मन में बैठी हुई कंजूसी खत्म होगी और आपका हृदय खुलेगा और बड़ा होगा। जब व्यक्ति कंजूसी छोड़कर दान देने का गुण अपनाता है, तो उसकी दृष्टि बड़ी होने लगती है और उसे आध्यात्मिक आनंद की झलक महसूस होती है।

9

बंधन और मुक्ति

निरबंधन बंधा रहे, बंधा निरबंध होय।
कर्म करै करता नहीं, निरबंध कहावै सोय॥
–संत कबीर

अर्थात् जो विरक्त साधु-संन्यासियों का वेश तो ऊपर से धारण कर लेते हैं, परंतु मन व इंद्रियों का भीतर से संयम नहीं कर पाते, विषयों का चिंतन करते रहते हैं, तो निरबंध होकर भी बंधे हुए हैं। जो बिना वेश धारण किए सामान्य जीवन के साधन से मन व इंद्रियों पर संयम करके, विषयों से मुक्त हो गए हैं, ऐसा कर्मयोगी, जो निष्काम भाव से कार्य करता हुआ भी कुछ नहीं करता, वास्तव में वही निरबंध कहलाता है।

बंधन–बंधन परतंत्रता है या गुलामी है। व्यक्ति चाहे सोने की जंजीर से बंधा हो या चांदी के जंजीर से एक ही बात है।

स्वामी विवेकानंद बंधन के बारे में कहते हैं–

– जब तक हम इंद्रियों और मन से बंधे हुए हैं, तब तक हम गुलाम हैं।
– जो अपने आपको बंधा समझता है, वह बंधा ही रहेगा।
– इच्छा, अज्ञानता और ऊंच-नीच–ये बंधनों की त्रिमूर्ति है।
– जब तक हमें किसी ऐसे व्यक्ति की आवश्यकता है जो हमें खुश कर सके, तब तक हम गुलाम हैं या बंधे हुए हैं।
– हम इधर-उधर भटक रहे हैं, क्योंकि हम अपनी सहायता नहीं कर सकते।
– जिसकी इंद्रियां उस पर राज करती हैं–वह गुलाम है।
– हमें मन को बांधने के साथ-साथ, मुक्त करके दूसरे स्थान पर भी ले जाना सीखना चाहिये।
– बीते हुए दिनों की घटनाएं हमें सोच में डालती हैं तथा नीचा दिखाती हैं।

– रोना या कमजोरी बंधन की निशानी है।
– बंधन सिर्फ दुर्दशा लाता है।
– हमारा बंधन एक भ्रम है।

संत कबीर कहते हैं कि मन ही बंधन और मुक्ति का कारण है।

कुंभै बांधा जल रहे, जल बिन कुंभ न होय।
ज्ञानै बांधा मन रहे, मन बिनु ज्ञान न होय॥

–संत कबीर

अर्थात् घड़े की दीवारों के होने से ही उसमें जल स्थिर रहता है और जल के बिना केवल मिट्टी से घड़ा भी नहीं बन सकता, अर्थात् दोनों के सहयोग से ही दोनों हैं। इसी प्रकार यह चंचल मन ज्ञान के बंधन से ही शांत व स्थिर रहता है। इसी मन के बिना ज्ञान भी नहीं होता तथा बिना आत्मज्ञान प्राप्त किए मुक्ति भी नहीं होती। संसार में जितना भी ज्ञान-विज्ञान दिखाई पड़ता है, उसका माध्यम यह मन ही है।

मुक्ति–सभी का लक्ष्य मुक्ति होता है और चाहे कोई भी हो, सभी मुक्ति के लिए संघर्ष कर रहे हैं। उदाहरण के लिए–चोर, चोरी करने के लिए संघर्ष करता है; क्योंकि वह आर्थिक स्वंतत्रता चाहता है। सब लोग अपने घर व सामान में ताला लगाते हैं या सामान की चौकीदारी करते हैं, क्योंकि वे अपने सामान के खोने या चोरी हो जाने से मुक्त हो जाना चाहते हैं। शेर, हिरन का शिकार करने के लिए संघर्ष करता है, क्योंकि वह अपनी भूख से स्वतंत्र होना चाहता है। हिरन, शेर से बचने के लिए संघर्ष करता है, क्योंकि वह अपने जीवन के खतरे से स्वतंत्र होना चाहता है। जितने भी वैज्ञानिक आविष्कार होते हैं, उनके पीछे असुविधाओं से स्वतंत्र होने का मुख्य उद्देश्य होता है। सब किसी न किसी रूप में जाने-अनजाने स्वतंत्रता के लिए संघर्ष कर रहे हैं। लेकिन असली स्वतंत्रता या मुक्ति क्या है? माया में मुक्ति नहीं है। माया से बाहर निकलने पर ही मुक्ति है।

जो तू परा है फंद में, निकसेगा कब अंध।
माया मद तोकूं चढ़ा, मत भूले मतिमंद॥

–संत कबीर

कबीर कहते हैं–अरे अंधे महामूर्ख! जो तू सांसारिक प्रवृत्तियों के फंदे में फंसा हुआ है, इससे कब निकलेगा? तू तो माया के मद में मस्त सब कुछ भूल गया है। स्वयं को खो बैठा है। सावधान हो जा, स्वयं को जान और भूल मत, अथवा मुक्ति का उपाय कर।

स्वामी विवेकानंद मुक्ति के बारे में कहते हैं–

– सब मुक्ति के लिए संघर्ष कर रहे हैं–अणु से लेकर तारे तक।
– आत्मा का लक्ष्य मुक्ति है।
– पवित्र होना मुक्ति पाने का सबसे छोटा रास्ता है।
– मुक्ति को खोजना, सारे धर्मों को खोजना है।
– मुक्ति का मतलब अमरत्व है।
– लक्ष्य क्या है? यह मुक्ति है।
– सृष्टि का लक्ष्य मुक्ति है।
– प्रकृति अपनी अनंत शक्ति के साथ अचेतन है, मुक्ति अकेले सचेतन है।
– बिना त्याग के मुक्ति नहीं।
– कमजोर व्यक्ति मुक्ति नहीं पा सकता।
– भ्रम, मिथ्या धारणा, माया, मोह, भ्रांति, वहम–इन सबको खोना मुक्ति है।
– मुक्ति का मतलब ऐसी स्वतंत्रता है जिस पर बाहर की कोई भी चीज क्रिया नहीं कर सकती।
– हमें न खुशी चाहिये, न दुर्दशा चाहिये, लेकिन हमें मुक्ति चाहिये।
– मुक्ति ये जानने में है कि हमारी एकता परमात्मा के साथ है।

संत कबीर मुक्ति के बारे में कहते हैं–

मन मुआ माया मुई, संशय मुआ शरीर।
अविनाशी जो न मरे, तो क्या मरे कबीर॥

–संत कबीर

जिनका मन मर गया, माया मर गई और शरीर के अभिमान-संशय मर गए, वे अनिवाशी, चेतन आत्म, आत्म-स्वरूप में स्थिर हो गए। फिर वे जन्म-मरण के बंधन से मुक्त हो गए (जीवित ही मोक्ष पद पा गए)। कबीर कहते हैं कि फिर उन्हें मरने का क्या डर है?

(1) निम्नलिखित स्वामी विवेकानंद का दृष्टांत (नीति कथा या कहावत) बंधन और मुक्ति के संदर्भ में दिया गया है–

नारद मुनि तथा दो मुक्ति इच्छुक व्यक्ति

एक बार नारदजी एक जंगल से गुजर रहे थे। उन्होंने एक पागल सा व्यक्ति देखा, जो हा! हा! हो! हो! करते हुए नाच रहा था। नारदजी को पास आते

हुए देख वह पहचान कर थोड़ा शांत हो तथा नारदजी को प्रणाम कर निवेदन करने लगा कि वे विष्णु भगवान से पता लगाएं कि मुक्त होने से पहले उसे कितने जन्म और लेने पड़ेंगे? नारदजी ने उसकी प्रार्थना स्वीकार कर ली। वह फिर वैसे ही हा! हा! हो! हो!...करते हुए नाचने लगा। नारदजी आगे बढ़ते गए तथा कुछ देर बाद उन्हें एक तपस्वी मिला। तपस्वी ने नारदजी को देखकर प्रणाम किया और वही निवेदन किया कि वे विष्णु भगवान से पता लगाएं कि मुक्त होने से पहले उसे कितने जन्म और लेने पड़ेंगे? नारदजी ने उसकी भी प्रार्थना स्वीकार कर ली।

कुछ दिनों बाद नारदजी वापस आए और पहले तपस्वी से मिले। तपस्वी ने प्रणाम कर निवेदन किया कि वे विष्णु भगवान द्वारा दिया गया उत्तर उसे बताएं। नारदजी ने कहा कि विष्णु भगवान ने बताया है कि उसे चार जन्म और लेने पड़ेंगे। इस सूचना को सुनकर तपस्वी बहुत ही निराश हो गया तथा बड़बड़ाने लगा कि कितना तप उसने किया, फिर भी चार और जन्म! तब नारदजी आगे बढ़ गए और उस पागल जैसे व्यक्ति से मिले, जो तब भी वैसे ही हा! हा! हो! हो!...करते हुए नाच रहा था। उसने भी नारदजी से प्रणाम कर निवेदन किया कि वे विष्णु भगवान द्वारा दिया गया उत्तर उसे बताएं। नारदजी ने कहा, "सामने वह बड़ा पेड़ देख रहे हो, उसमें जितने पत्ते हैं, उतने जन्म तुम्हें और लेने पड़ेंगे।' इस सूचना को सुनकर वह बहुत ही खुश हो गया और बोला, "केवल इतने ही, इस पेड़ के पत्तों के बराबर जो गिने जा सकते हैं।" वह आनंद से वैसे ही हा! हा! हो! हो!...करते हुए नाचने लगा। चूंकि वह पागल जैसा व्यक्ति पूर्ण संतुष्ट हो गया, इसलिए विष्णु भगवान को उसे तुरंत मुक्त करना पड़ा।

(2) निम्नलिखित स्वामी रामतीर्थ का दृष्टांत (नीति कथा या कहावत) जिसमें बंधन (जो मोह या आसक्ति के कारण होता है) और मुक्ति (जो मोह या आसक्ति त्याग से संभव है) दिया गया है।

कच्चा और सूखा नारियल

एक संत से एक सवाल पूछा गया, "जब ईसा मसीह के शरीर पर कीलें ठोंककर क्रॉस सूली पर चढ़ाया गया तब उन्हें दर्द महसूस नहीं हुआ, ऐसा क्यों?" उस समय संत के पास कच्चे और सूखे नारियल थे (भारत में जब भी लोग संत को देखने आते हैं। तो फल भेंट करते हैं, यही कच्चे तथा पक्के नारियल संत के लिए लाए गए थे)। संत ने सवाल का जवाब देने के लिए पहले एक कच्चे नारियल तथा फिर एक सूखे नारियल का प्रयोग किया।

संत ने कच्चा नारियल लेते हुए कहा, "मैं इसके छिलके या खोल को तोड़ूगा तो इसकी गुठली का क्या होगा?"

लोगों ने कहा, "इसकी गुठली भी टूट या कट जाएगी तथा उसे चोट पहुंचेगी।"

संत ने फिर सूखा नारियल लेते हुए कहा, "अब मैं इसके छिलके या खोल को तोड़ूंगा तो इसकी गुठली को क्या होगा?"

लोगों ने कहा, "इस बार गुठली को चोट नहीं पहुंचेगी, गुठली (सूखा नारियल) साबुत निकल आएगा।

संत ने पूछा, "ऐसा क्यों?"

लोगों ने कहा, "सूखे गोले में गुठली अपने आपको छिलके या खोल से अलग कर लेती है, जबकि कच्चे नारियल में गुठली छिलके या खोल से साथ चिपकी रहती है।"

तब संत ने समझाया, "ईसा मसीह ऐसे आदमी थे, जिनके शरीर यानी बाहर के खोल पर कीलें ठोंकी गई या चोट पहुंचाई गई। लेकिन उन्होंने अपने अपरिवर्तनीय आत्मा (असली गुठली) को शरीर यानी बाहर के खोल से अलग कर लिया था, तो फिर शरीर की चोट उन्हें कष्ट नहीं पहुंचा सकी। लेकिन और सभी आदमी कच्चे नारियल की भांति हैं, इसलिए शरीर की चोट का कष्ट महसूस होता है।"

शरीर से आसक्ति या गुलामी, मनुष्य की कमजोरी या रोग, बंधन का कारण है, जबकि इसी आसक्ति को छोड़ देना शरीर की मृत्यु है। वर्तमान में ऐसा दृष्टिकोण प्राप्त कर लेना मरने से पहले मृत्यु पर विजय पाना है तथा यही मुक्ति है। बिना इस शरीर से आसक्ति को अलग किए, आप मृत्यु पर विजय नहीं प्राप्त कर सकते।

दूसरे शब्दों में इस शरीर का अस्तित्व ही नहीं, यह दृष्टिकोण पाना है। मुक्त व्यक्ति वह है, जो भगवान की गरिमा में इस तरह रहता है, जैसे वह पैदा ही नहीं हुआ था। शरीर से संबंधित सभी कष्टों या तनावों से मुक्ति पाने का यही उपाय है।

सार—*सारी दुर्दशा, दर्द और कष्ट तभी तक रहता है, जब तक मनुष्य इस अस्तित्वहीन शरीर को अपने साथ मुक्त आत्मा से बांधता है। सारी दुर्दशा, दर्द और कष्ट सब समाप्त हो जाता है, जब वह इस अस्तित्वहीन शरीर को अपने साथ मुक्त आत्मा (Real Self) से नहीं बांधता है—यही मुक्ति है।*

10
डर और साहस

डर एक दुःखदाई भाव है, जिसको खतरा जाग्रत करता है। यह खतरा या दर्द की आशंका है। डर एक ऐसा भाव है, जो बुरा होने की धमकी या आशंका उत्तेजित करती है और इसके साथ डर से हटने, बचने और सुरक्षा की इच्छा जुड़ी रहती है। डर एक अभिशाप है। यह नकारात्मक सोच है। डर के कई रूप हैं, जैसे बीमारी का डर, मरने का डर, सामाजिक निंदा का डर, संपत्ति खोने का डर, दोष लग जाने का डर, आदि। शरीर के साथ मोह इसका कारण है। स्वामी शिवानंद कहते हैं कि जो अपने शारीरिक आवरण को योग या ज्ञान द्वारा हटा सकता है, वह डर से मुक्त हो जाएगा। वह व्यक्ति जिसने डर को जीत लिया है, उसने सब जीत लिया है और अपने मन पर शासन कर लिया है।

कुछ लोग जंगल में शेर का सामना कर लेते हैं, परंतु अस्पताल में ऑपरेशन में उपयोग होने वाले चाकू से डरते हैं। कुछ लोग लड़ाई के मैदान में बंदूकों के शॉट से नहीं डरते, लेकिन सामाजिक निंदा से डरते हैं। लड़ाई के मैदान में कुछ सिपाही चोट खाने पर भी नहीं डरते, लेकिन जब चोट के कारण खून को देखते हैं तो डर जाते हैं। हर किस्म के डर से छुटकारा पाने से ही निडरता आती है।

मानव प्रकृति ऐसी है कि डर या भय के कारण वह बड़े-से-बड़ा पाप भी करने को तैयार हो जाता है। राजनीति के क्षेत्र में तो यहां तक देखा गया है कि जो काम किसी को लोभ देकर नहीं करवाया जा सकता, वह डर दिखाकर आसानी से करवाया जा सकता है। कर्तव्य के पथ में साहसी होना बहुत ही आवश्यक है, अन्यथा मनुष्य के कर्तव्यच्युत हो जाने में देर नहीं लगती। हमें चाहिये कि पहले तो ऐसा काम ही न करें कि कोई डर दिखाकर हमें झुका सके और दूसरे, इतने निडर बनें कि अत्याचार और पाप का सामना करने का हममें साहस हो।

11 कामना और उदासीनता

कामना एक प्रबल भावना होती है। कोई तीव्र इच्छा कामना है। कामना एक ऐसी भावना है, जो बुद्धि पर शासन कर लेती है। तीव्र या प्रबल प्रेम जैसे, पुरुष और स्त्री का प्रेम कामना है। लोभ, घमंड, ईर्ष्या भी इसी श्रेणी में आते हैं। प्रबल और तीव्र क्रोध भी कामना का एक रूप है।

कामना, शांति और विवेक का दुश्मन है। अगर आप अपनी कामना पर नियंत्रण नहीं रख सकते, तो यह आपकी खुशी और शांति मिटा देगा। आपका स्वास्थ्य भी खराब करेगा। जिस व्यक्ति की कामना उस पर शासन करती है, वह सबसे ज्यादा गुलाम है। एक तानाशाह या राजा, लोगों पर राज करता है, परंतु कामना उस पर राज करती है।

कामनाएं भी कई प्रकार की होती हैं जैसे–सिनेमा देखना, केबल टी.वी. देखना, नॉवल पड़ना, तंबाकू खाना, मदिरा पीना इत्यादि। लेकिन आमतौर पर विपरीत लिंगधारियों की आपस में मिलने की तीव्र चाह को कामना कहा जाता है। कामनायुक्त व्यक्ति को बहुत शारीरिक और मानसिक दुःख होते हैं। लेकिन उदासीन (कामनाहीन) व्यक्ति, स्वस्थ, खुश और शांत रहता है। अगर हम वासनामय जीवन के दोषों को देखें, तो उदासीन हो जाएंगे। ऐसा वासनामय सुख, इच्छाओं को संतुष्ट नहीं कर सकता, बजाय इसके कि मन को तीव्र कामना से अधिक चिंतित कर देगा। यह सुख क्षणिक होता है। इसमें भ्रम, कल्पना और धोखा है।

भोजन में ज्यादा नमक का प्रयोग कामना और भावनाओं को उत्तेजित करता है। कम नमक खाने से दिमाग और नाड़ियां ठंडी और शांत रहती हैं। जो कामना आप पर शासन करने की कोशिश करें, उसे मिटा दो। पहले मुख्य कामनाओं

को मिटाओ, फिर और कामनाएं मिटाई जा सकती हैं। भगवान का सुमिरन, भक्ति और आत्म-साक्षात्कार की कामना अच्छी है। यह कामना आपकी लौकिक या सांसारिक कामनाओं को मिटा देगी।

उदासीनता–अरुचि होना है। जीवन में भिन्न-भिन्न प्रकार की कामनाओं में लगाव न होना उदासीनता है। विभिन्न इंद्रियों से मौज न करना उदासीनता है। यह त्याग या वैराग्य जैसा है।

श्रीकृष्ण गीता में उदासीनता के बारे में कहते हैं कि साधारण लोग जिस सांसारिक लाभ को अपना लक्ष्य मानकर उसके पीछे दौड़ते रहते हैं, तुम उसके प्रति उदासीन हो जाओ और जिस वास्तविक लक्ष्य अर्थात् भगवत् प्राप्ति के प्रति वे गाफिल होकर सोए हैं, उसे तुम जाग्रत और सतत् सावधान होकर प्राप्त करने की चेष्टा करो। तत्पश्चात् श्रीकृष्ण कहते हैं कि तुम अपना मन इतना सुदृढ़ बनाओ कि कोई भी कामना तुम्हें विचलित न कर पाए। जिस प्रकार नदियों का पानी समुद्र में गिरता रहता है, लेकिन फिर भी उसमें कभी बाढ़ नहीं आती, उसी प्रकार जिस मनुष्य के मन में कामना आकर भी हलचल पैदा नहीं कर पाती, वही शांति पाता है, न कि इच्छाओं का दास कामी पुरुष। कामनाएं मन में आएं ही नहीं, यह तो बड़ा कठिन है, पर मनुष्य इतना प्रयत्न तो कर ही सकता है कि जब वे मन में आएं, तो वे उस पर हावी न हो सकें। ऐसा करने के लिए मनुष्य को कामना के आते ही सतर्क हो जाना चाहिये। सब कामनाओं को त्यागकर मनुष्य निःस्पृह, ममतारहित और अहंकाररहित होकर बर्ताव करे, जिससे उसे शांति मिलेगी। श्रीकृष्ण इसे 'ब्राह्मी स्थिति' कहते हैं। इस स्थिति पर पहुंचने वाले मनुष्य को फिर मोह नहीं होता और यदि अंतकाल तक यह स्थिति बनी रहे, तो वह निर्वाण अथवा मोक्ष प्राप्त कर लेता है।

मनुष्य इस दुनिया में कामना से आया है। मनुष्य उदासीनता (वैराग्य) ग्रहण कर या कामना को मिटाकर ही इस दुनिया से मुक्त हो सकता है। ऐसी उदासीनता या वैराग्य, जो वास्तविकता और काल्पनिकता में तथा सत्य और असत्य में अंतर कर सके, वही स्थायी है। संपत्ति के खोने के कारण वैराग्य और पुत्र के मृत्यु से श्मशान-वैराग्य, अस्थायी होते हैं। ऐसा वैराग्य या उदासीनता कुछ ही दिनों या महीनों में भाप की तरह उड़ जाती है।

निम्नलिखित श्रीरामकृष्ण का दृष्टांत (नीति कथा या कहावत) कामना और उदासीनता के संदर्भ में दिया गया है–

चोर बन गया साधु

एक चोर राजा के महल में रात के समय घुस गया, तब राजा अपनी रानी से कह रहा था, "मैं अपनी बेटी की शादी किसी एक साधु (पवित्र आदमी) से कर दूंगा जो नदी के किनारे निवास करते हैं।" चोर ने यह बात सुनकर मन ही मन में सोचा, "वह भाग्यशाली मैं हो सकता हूं। मैं कल नदी के किनारे साधु का भेष बना के बैठ जाऊंगा। हो सकता है, मुझे राजा की लड़की का हाथ मिल जाए और मेरी कामना पूरी हो जाए।"

अगले दिन उसने ऐसा ही किया। राजा के अधिकारी आए और उन्होंने एक-एक करके साधुओं से राजा की लड़की से शादी के लिए विनय सहित प्रार्थना की, लेकिन कोई भी सहमत नहीं हुआ। अंत में वे उसी चोर के पास पहुंच गए, जो साधु के भेष में बैठा हुआ था। राजा के अधिकारियों ने उससे भी वही प्रस्ताव रखा, लेकिन उसने कोई जवाब नहीं दिया। अधिकारी लोग फिर राजा के पास गए और बोले कि एक जवान साधु कोशिश करने पर सहमत हो सकता है तथा उसके अलावा कोई भी सहमत नहीं है। राजा आया और उसने साधु भेष में चोर को अपनी लड़की से शादी के लिए विनय सहित प्रार्थना की। लेकिन राजा के वहां आने पर उस चोर का हृदय बदल गया। उसने अपने आप में सोचा, "मैंने अभी सिर्फ साधु का भेष धारण किया है, इतना ही करने में राजा मेरे पास इतने निवेदन के साथ आ रहा है। यदि मैं वास्तव में साधु बन जाऊं, तो मेरा भविष्य और भी अच्छा हो सकता है।" ये विचार उसके मन में गहरे उतर गए तथा वह शादी की कामना त्यागकर उदासीन हो गया। उसने शादी का विचार छोड़कर अपने को सुधारना प्रारंभ कर दिया। उसने कभी शादी नहीं की और एक दिन वह पूर्ण पवित्र साधु बन गया।

12 आशावादी और निराशावादी

आशावादी विचारधारा ऐसी मनोवृत्ति या स्वभाव है, जो चीजों को उज्ज्वल और आशापूर्ण रूप में देखता है। यह ऐसा मत या सिद्धांत है कि सब उत्तम हो रहा है। यह जगत सही दिशा की ओर अग्रसर हो रहा है। आशावाद ऐसी विचारधारा पर विश्वास है कि कभी विपरीत होता हुआ लगता है, लेकिन सब अच्छे के लिए होता है। एक आशावादी हर मुश्किल में आशा की किरण देखता है। हर चीज का सकारात्मक पक्ष होता है। व्यक्ति को आशापूर्ण एवं विश्वास से भरी मन की दशा अपनानी चाहिये। जब हम आशावादी मनोवृत्ति रखते हैं, तो आधी समस्या उसी समय खत्म हो जाती है। एक आशावादी व्यक्ति उत्तम सोचता है और परिस्थिति के अनुसार अपने और सब लोगों के लिए अच्छा करता है। आशावाद, आशा और खुशी का जीवन है। आशावादी व्यक्ति सभी को खुशी और आनंद देता है।

मुश्किल इतनी बड़ी नहीं है, जितनी आप समझते हो। पहाड़ इतना लंबवत् या खड़ा नहीं है, जितना चढ़ने से पहले आपने समझा था। दुर्घटना इतनी बड़ी नहीं है, जितना कि हमें डर था। मनुष्य को हमेशा आशापूर्ण दृष्टिकोण रखना चाहिये, ताकि वह निराशा से बच सके। लेकिन मनुष्य को जीवन में वास्तविकता को भी समझना चाहिये और अपवित्रता में पवित्रता देखना, मृतक में जीवन की आशा करना अज्ञान है।

आशा ही जीवन है। इस जीवन में देर भले ही हो, अंधेर नहीं है। मेहनत का फल देर-सबेर मिलता ही है। स्कूल की कक्षा में फेल हुआ विद्यार्थी, आशा से दुबारा कोशिश कर सफल हो जाता है। जितने भी वैज्ञानिक हैं, एक ही कोशिश में सब सफल नहीं होते। आशा से ही वे दुबारा कोशिश करके सफलता प्राप्त करते हैं। एक खेल प्रतियोगी अभ्यास करते-करते अपना ही रिकॉर्ड तोड़ता चला जाता है। आशा निराशा को मिटाती है। बिना आशा के आप न तो उन्नति कर

सकते हैं और न ही आनंदित रह सकते। खुद आशावान बनें और जो लोग निराश हैं, उनमें आशा की किरण जगाएं तथा उनकी हर संभव सहायता करें।

निराशावादी विचारधारा ऐसी मनोवृत्ति है, जो चीजों को अंधकारमय या धुंधले रूप में देखती है। निराशावाद ऐसा मत या सिद्धांत है कि कुछ ठीक नहीं हो रहा है और यह दुनिया अच्छी नहीं, बल्कि बुरी है। निराशावाद जीवन के नकारात्मक पक्ष देखता है। यह एक ऐसी आदत है जिसमें व्यक्ति असफलता, विपत्ति और दुर्भाग्य का पूर्वानुमान करता है।

एक निराशावादी सुख-चैन में भी निराशा की किरण ढूंढ़ता है अर्थात् सब कुछ ठीक-ठाक चलते हुए भी वह सोचता है कि कहीं गड़बड़ न हो जाए। वह हमेशा उदास, आलस्य और निराशा में अपना जीवन बिताता है। प्रसन्नता या आनंद क्या होता है, उसे मालूम नहीं होता। वह अपनी निराशावादी मनोवृत्ति से दूसरों को भी नुकसान पहुंचाता है और निराश करता है।

मनुष्य को यह संदेह नहीं करना चाहिये कि बुरा ही होने वाला है। ऐसा बहुत ही कम होता है। कभी कुछ गलत भी होता है, तो कोई बात नहीं। अगर मनुष्य की संपत्ति, स्वास्थ्य, नाम, कीर्ति या ख्याति चली भी जाती है तो भी उसका अपना जीवन तो है और अपने में विश्वास रखते हुए वह नवीन जीवन की ओर आगे बढ़ सकता है। जब तक हम जीवित हैं, हममें आत्मा है, हममें भगवान है। पूर्ण आशावादी बनें, अपने को हर स्थिति में खुश और आनंदित रखें।

हमेशा जीवन के हर चीज का, व्यक्ति का और स्थिति का उज्ज्वल पक्ष देखें। अपने स्वार्थ से बाहर निकलें। दूसरों का दुःख देखें और समझें, उनको आशा की किरण दें। दूसरों को खुश करने में अपने को खुशी मिलती है। प्रसन्न और आनंदित रहने का अभ्यास निराशा और उदास रहने की मनोवृत्ति को समाप्त कर देता है।

आशा एक जो नाम की, दूजी आश निराश।
पानी माहीं घर करै, सो भी मरै पियास॥

–संत कबीर

अर्थात् एक भगवान की आशा ही सच्ची आशा है, बाकी सांसारिक जितनी भी आशाएं हैं, वे समय-समय पर निराश करती हैं। पानी अपने पास है, फिर भी प्यासा मरता है अर्थात् अपने हृदय में भगवान है, फिर भी मनुष्य उसे बाहर कहां-कहां ढूंढ़ता फिरता रहता है और यही उसके तनाव का कारण है।

13 राग और द्वेष

राग और द्वेष का प्रवाह मनुष्य के मन में रहता है। राग-द्वेष, पसंद-नापसंद, आकर्षण-प्रतिकर्षण या मोह और घृणा, ये दो धाराएं मनुष्य के मन में होती हैं। और इसी कारण वह जीवन और मृत्यु के चक्र में फंसा हुआ है। जितनी भी मन की भावनाएं हैं, वे सब इन्हीं दो श्रेणियों में आती हैं। जहां राग होता है, वहां द्वेष होता है। एक के बिना दूसरे का अस्तित्व नहीं होता। राग मन को उतना ही बांधता है, जितना द्वेष बांधता है। जिस तरह वह व्यक्ति जिससे आप मोह करते हो, आपके मन में रहता है उसी प्रकार वह व्यक्ति जिससे आप घृणा करते हो, वह भी आपके मन में रहता है। मोह या घृणा की दृढ़ता जितनी अधिक होगी, उसी अनुपात में मन भी बंधा रहेगा।

महर्षि पतंजलि ने कहा है–

सुखानुशर्या रागः।

–साधनपाद (7)

सुख भोगने की इच्छा के पश्चात् पुनः सुख भोगने की इच्छा 'राग' है। दूसरे शब्दों में सुख के साथ रहने वाला राग है।

सार–भोगे हुए सुख की प्रतीति या अनुभूति मन में स्मृति रूप में रहती है। मन वासनाग्रस्त होने से उस सुखद अनुभूति के कारण उस भोग को बार-बार भोगना चाहता है। उसकी यह बार-बार भोगने की इच्छा ही राग है। अनभोगे विषयों को भी भोगने की इच्छा का होना पूर्व संस्कार ही है। यह राग भी उसी अहंकार के कारण है, जिससे मनुष्य अपने को शरीर तथा मन ही समझता है एवं उसी की तृप्ति की इच्छा करता है। स्वयं को आत्मा समझने पर इन विषय

भोगों से रुचि हट जाती है, क्योंकि उसे ये अनित्य ज्ञात होने लगते हैं। ऐसा ज्ञानी फिर नित्य का भोग भोगता है। श्री रामकृष्ण ने एक बार कहा कि मैं महान भोगी हूं, क्योंकि इन अनित्य सुख का भोग छोड़कर उस नित्य, शाश्वत एवं परमानंद का भोग, भोग रहा हूं। उस क्षणिक सुख की प्रतीति के पीछे रहने वाली आसक्ति को ही 'राग' कहते हैं और यह अविद्या है। इसी राग के कारण मन विषयों में सुख समझकर भटकता है, किंतु इनसे सुख नहीं मिलता है। अंत में क्लेश ही प्राप्त होता है। इसलिए इस राग को भी क्लेष कहा गया है।

दुःखानुशयी द्वेषः।

–साधनपाद (८)

दुःख के साथ रहने वाला द्वेष है। दूसरे शब्दों में दुःख की प्रतीति के पीछे रहने वाला क्लेश 'द्वेष' है।

सार–राग और द्वेष एक ही सिक्के के दो पहलू हैं। दोनों का ही कारण वासना है। जब विषयों के पूर्ति से क्षणिक आनंद की अनुभूति होती है। तो उसे बार-बार भोगने की इच्छा होती है। यही आसक्ति राग है। किंतु जब इसके भोगने में बाधा उपस्थित होती है, तो दुःख होता है। जब किसी कार्य के करने से दुःख होता है तो उसकी प्रतीति से द्वेष उत्पन्न होता है। यह भी क्लेश है। राग और द्वेष दोनों का कारण आसक्ति है। जब तक यह आसक्ति है, तब तक ये दोनों रहेंगे। आसक्ति हटने पर दोनों नहीं रहेंगे। एक को मिटाकर दूसरे को बचाया नहीं जा सकता है। इस आसक्ति का भी कारण अहंकार ही है, जिसके रहते दोनों रहेंगे ही।

राग के अंदर डर छिपा रहता है। लगभग सारे मनुष्य अपने को शरीर मानते हैं। इसीलिए उनको शरीर से अत्यधिक मोह होता है। इसी कारण उनको बीमारी लग जाने या मरने का डर रहता है। इसी प्रकार पैसे से अधिक मोह होने के कारण, पैसा खो जाने या चोरी हो जाने का भय बना रहता है। भय के साथ क्रोध भी राग में छिपा रहता है, क्योंकि जिससे आप मोह करते हो, उसको अगर कोई कष्ट दे तो आपको उस पर क्रोध आएगा। इच्छाएं मन को चंचल रखती हैं। इच्छा के साथ राग-द्वेष तो रहता ही है। भावनाएं और आवेग भी इच्छा के साथ रहती हैं।

राग और द्वेष की चार दशाएं होती हैं, गुप्त, फैला हुआ, जलाया हुआ और महीनकर खत्म किया हुआ। इनमें पहली दो सामान्य लोगों में पाई जाती हैं और

अंतिम दो योगियों में पाई जाती हैं। कोई भी दो व्यक्ति पति-पत्नी, दो पुरुष या दो स्त्रियां जब स्नेह करते हैं, तो राग वृत्ति काम कर रही होती है और तब द्वेष वृत्ति गुप्त रूप में विद्यमान रहती है। लेकिन जब वे एक-दूसरे से किसी कारण नाराज़ हो जाते हैं, तो द्वेष वृत्ति काम करने लग जाती है। सामान्य लोग इन दोनों वृत्तियों के गुलाम होते हैं। पूर्ण योगी, यौगिक क्रिया द्वारा उन वृत्तियों को जला देता है या महीन कर खत्म कर देता है।

नींद में राग-द्वेष की दोनों भावनाएं बीज के रूप में विद्यमान रहती हैं, खत्म नहीं होतीं। जैसे ही व्यक्ति उठता है, वे फिर प्रकट हो जाती हैं। बच्चों में ये दो वृत्तियां कुछ ही समय के लिए रहती हैं और जल्दी ही लुप्त हो जाती हैं। वे लड़ते हैं और जल्दी ही हाथ मिला लेते हैं अथवा दूसरे के प्रति मन में द्वेष भाव नहीं रखते। ज्यों-ज्यों बच्चा बड़ा होता है, ये वृत्तियां दुहराव के कारण उग्र रूप धारण कर लेती हैं। राग और द्वेष अहंकार के होने से भी होता है। जब पुरुष अपने को पति समझता है, तो पत्नी के प्रति राग उत्पन्न होता है। लेकिन जब आप अपने आपको 'ब्रह्म' (अहं ब्रह्मास्मी) समझते हो, तो आपका राग और द्वेष मिट जाता है। ऐसा करने के लिए व्यक्ति को राग (मोह या आकर्षण) और द्वेष (घृणा या प्रतिकर्षण) मिटाना होता है, तब वह दुनिया में श्रेष्ठ व्यक्ति बन पाता है। ये दोनों वृत्तियां निर्विकल्प समाधि द्वारा पूर्ण रूप से नष्ट हो जाती हैं और योगी, द्वंद्वों से बाहर निकल कर तनावमुक्त हो जाता है।

14 विश्वास और संदेह

विश्वास दृढ़ आस्था है। विश्वास श्रद्धा है। यह अपने पर यकीन है। विश्वास भगवान पर भरोसा है। विश्वास गुरु की दी गई शिक्षा पर निष्ठा है। यह धार्मिक ग्रंथों के प्रति सच्ची श्रद्धा है। विश्वास सत्य में दृढ़-निष्ठा है। ईश्वर पर विश्वास, हृदय और भावनाओं को पवित्र करता है, आत्मा को ऊपर उठाता है और आत्म-साक्षात्कार कराता है। विश्वास तात्कालिक भीतरी अनुभव से उत्पन्न होता है। विश्वास करने के लिए किसी पर दबाव नहीं डालना चाहिये। किसी को धर्म में विश्वास करने के लिए बाध्य या मजबूर करना या ऐसी कोशिश करना उसके अविश्वास को अधिक बढ़ाना है।

विश्वास धर्म की आत्मा है। विश्वास शक्ति और ताकत है। विश्वास करने वाला व्यक्ति शक्तिशाली होता है और संदेह करने वाला व्यक्ति कमजोर होता है। विश्वास आध्यात्मिक पथ को प्रकाशित करता है और अज्ञान एवं अंधकार के भवसागर से उस पार उतारता है, जहां निडरता और अमरत्व है। वह व्यक्ति जिसको अपने पर विश्वास नहीं है, उसे भगवान पर कभी विश्वास नहीं हो सकता।

श्रद्धावांल्लभते ज्ञानं तत्परः संयतेन्द्रियः।
ज्ञानं लब्ध्वा परां शान्तिमचिरेणाधिगच्छति ॥

—गीता (4/39)

श्रद्धावान (विश्वासपूर्ण) पुरुष प्रयत्न में तत्पर (निष्ठावान) तथा जितेन्द्रिय होकर ज्ञान प्राप्त कर लेता है, तथा ज्ञान प्राप्त करने पर वह तत्काल ही परमशांति को प्राप्त कर लेता है।

सार—श्रद्धा और विश्वास होने पर सद्गुरु एवं सद्ग्रंथ प्रभावी होते हैं तथा इसके बिना वे निष्प्रभाव हो जाते हैं। श्रद्धा और विश्वास होने पर मनुष्य साधना

क्षेत्र में लक्ष्य प्राप्ति के लिए तत्पर हो जाता है। सरस्वती के द्वार में श्रद्धापूर्वक नीचे झुकने से ही प्रवेश संभव होता है तथा अभिमानी पुरुष वहां से खाली हाथ ही लौट जाता है। श्रद्धा और विश्वास होने पर ही परमात्मा की प्राप्ति होती है, तर्क से नहीं होती। तर्क की एक सीमा होती है तथा मात्र बुद्धि मनुष्य को तर्क द्वारा परमात्मा तक नहीं पहुंचा सकती। परमात्मा तर्कातीत एवं बुद्धि से परे है। श्रद्धा और विश्वास से पुरुष परमात्मा के साथ संयुक्त होकर परमशांति प्राप्त कर लेता है।

रामचरित मानस में श्रद्धा और विश्वास के बारे में कहा गया है–

'भवानी और शंकर श्रद्धा व विश्वास के रूप हैं, जिनके बिना सिद्ध पुरुष भी अपने भीतर स्थित परमात्मा को नहीं देख पाते।'

संदेह शंका या अविश्वास है। बिना सबूत या मामूली सबूत के कोई चीज पर कल्पना है। संदेह एक अनुमान है। यह मन को धुंधला बनाता है। संदेह पति-पत्नी के बीच, दोस्तों के बीच, भाई-भाई के बीच, समुदायों के बीच दरार डालता है, झगड़ा कराता है और दुश्मनी पैदा करता है। संदेह दिल की नहीं बुद्धि की ख़राबी है। गलतफहमी और संदेह में अंतर है। ग़लतफ़हमी समझने में ग़लती है, मतलब हो कुछ रहा है और समझा कुछ और ही जा रहा है। ग़लतफ़हमी मात्र एक भ्रम है, जो कुछ समय बाद स्थिति साफ होने पर या सफाई देने पर तुरंत दूर हो जाती है। लेकिन संदेह गहरा होता है जो आसानी से दूर नहीं होता, क्योंकि जो सफाई दी जाती है उस पर भी संदेह होता है। ग़लतफ़हमी अनजाने में हो जाती है, लेकिन संदेह जानबूझकर या इरादे से किया जाता है।

संदेह करना नीचता है और बहुत बड़ी गलती है। यह रिश्तों में कड़वाहट लाता है तथा यह कड़वाहट उग्र रूप भी धारण कर सकती है। यह पति-पत्नी के रिश्ते को व्यर्थ ही बरबाद कर देता है। संदेह मन में आते ही प्रेम और विश्वास चला जाता है। संदेह करने वाले व्यक्ति में जल्दी ही दुष्टता के अवगुण आने लगते हैं, मन बहुत दूर-दूर तक कल्पनाएं करता है और कल्पनाएं सत्य नहीं होतीं। अगर हर कार्य या व्यवसाय में संदेह किया जाए तो कैसे चलेगा? संदेह करने से वाद-विवाद व झगड़ा होगा, न कार्य तरीके से होगा और न ही व्यवसाय ढंग से चलेगा। यह दुनिया विश्वास पर चलती है। घर की व्यवस्था विश्वास पर चलती है। रिश्ते या दोस्ती विश्वास पर चलते हैं। संदेह अज्ञान के कारण होता है। संदेह करने वाला व्यक्ति तनाव में रहता है तथा कभी खुश नहीं रहता। यह खुशी और आनंद का दुश्मन है। संदेह हटते ही खुशी और आनंद आने लगता है। संयम से काम लेने से संदेह हट जाता है।

15 माया और अमाया

माया मन के अंदर समाया हुआ अज्ञान है। हम अपने पास जो भी अनुभव करते हैं, वह माया है। मनुष्य का मन माया से प्रभावित होकर ही सब कुछ सोचता है। मायाजन्य मनुष्यों को माया से क्षणिक सुख का आभास होता है। मायाजन्य सभी वस्तुएं नाशवान हैं। माया का अस्थिर चंचल भोग, भोक्ता को भी अस्थिर व चंचल बना देता है। वह माया को पकड़ने दौड़ता रहता है, परंतु माया किसी के पकड़ में नहीं आती। अंत में सभी को खाली हाथ विदा होना पड़ता है। फिर भी धनी, निर्धन, राजा, रंक सभी दिन-रात माया के स्वप्न देखते रहते हैं। संसार में सभी दुःख और चिंताएं केवल माया के कारण ही हैं। माया को छोड़ना बहुत कठिन है। भगवान माया के पर्दे में छुपा हुआ है। भगवान को कोई नहीं देख सकता, लेकिन भगवान सबको देख रहा है और सबके कर्मों का हिसाब लिख रहा है। यह इस तरह है कि जैसे कोई नारी पर्दे या घूंघट में हो तो उसको कोई नहीं देख सकता, लेकिन वह सबको देख सकती है। जो जिज्ञासु सच्चे हृदय से भगवान की खोज में लगा हुआ है, उसके लिए वे माया का पर्दा हटाकर प्रकट हो जाते हैं।

स्वामी विवेकानंद माया के संदर्भ में कहते हैं–

- माया प्रकृति है।
- माया जीवन और मृत्यु, अच्छा और बुरा, ज्ञान और अज्ञान का मिश्रण है।
- वह सभी जिसमें हम बंधते हैं, वह माया है।
- माया का मतलब नाम और आकार है, जिसमें सब ढलते हैं।
- माया वह पर्दा है, जो आत्मा को ढंकता है।
- जब हम माया के पीछे भागते हैं तो यह हमसे दूर भागती है, जब हम माया से दूर भागते हैं तो यह हमारे पीछे-पीछे भागती है। लेकिन जब हम माया की परवाह नहीं करते, तो यह हमारी गुलाम हो जाती है।

– माया भ्रांति है।
– हर एक को कभी न कभी माया के बंधन से मुक्त होना चाहिये।
– माया वास्तव में नहीं है, लेकिन वास्तविक लगती है।

माया तो ठगनी भई, ठगत फिरै सब देस।
जा ठग ने ठगनी ठगी, ता ठग को आदेस॥

–संत कबीर

कबीर कहते हैं कि यह बहुरूपिणी माया ठगनी बनकर, सभी देशों के लोगों को ठगती फिरती है और सब इसके द्वारा ठगे जाते हैं, परंतु जिस किसी ठग ने इस ठगनी को भी ठग लिया हो, उस महान ठग को मेरा सादर प्रणाम है, अर्थात् इस माया को ठगने वाला कोई संत महापुरुष ही हो सकता है।

माया मरि न मन मरा, मर मर गया शरीर।
आशा तृष्णा न मरी, कह गए संत कबीर॥

–संत कबीर

कबीर कहते हैं कि न तो माया-मोह मरा, न ही मन मरा तथा आशा-तृष्णा की भी मृत्यु नहीं हुई, बस केवल यह शरीर ही बार-बार मरता रहा। शरीर के बार-बार जन्म-मरण से सूक्ष्म रूप में उपस्थित माया, मन, आशा, तृष्णा भी इसके साथ रहे। इस प्रकार जीवन का उद्धार कैसे संभव हो सकता है?

अमाया माया से मुक्ति है। माया से मुक्ति आवागमन से मुक्त हो जाता है। समझदार साधक माया के स्वरूप से परिचित होता है। इसके विपरीत अज्ञानी या मायाग्रस्त व्यक्ति इन सारी बातों को नहीं समझता तथा दुःख और तनाव में रहता है। साधना द्वारा सत्य ज्ञान से माया-मोहिनी का मिथ्या रूप (आवरण) हटता है। सद्गुरु की शरण में आकर शिष्य माया विकार से मुक्त हो जाता है।

हाड़ जरै ज्यों लाकड़ी, केस जरै ज्यों घास।
सब जग जरता देखि के, भये कबीर उदास॥

–संत कबीर

मृत्यु हो जाने पर श्मशान में शरीर की हड्डियां तो लकड़ी के समान जल जाएंगी और केश घास की भांति जल जाएंगे। कबीर कहते हैं कि इस प्रकार सारे जग को जलता हुआ देखकर जिज्ञासु भक्त इस नश्वर संसार के माया-मोह से विमुख हो जाते हैं।

माया मरी मन मरिया, राख्या अमर शरीर।
आशा तृष्णा मारि के, थिर हैं रहैं कबीर॥

–संत कबीर

कबीर कहते हैं कि जब माया-मोह पूरी तरह नष्ट हो जाता है, तो मन स्वयं ही शांत हो जाता है और सभी आशा-तृष्णा भी समाप्त हो जाती हैं। परिणामस्वरूप स्थिर पद की प्राप्ति होती है, अर्थात् सहज़ स्वरूप की स्थिति बनती है। इस प्रकार इस शरीर के जीवित रहते हुए भी अमरत्व की प्राप्ति हो सकती है।

16 ईमानदारी और बेईमानी

ईमानदारी सत्यनिष्ठा है, सरलता है, स्पष्टवादिता है, खारापन है, निष्कपट व्यवहार है। ईमानदारी बेईमानी से मुक्ति है। ईमानदारी ऐसी मनोवृत्ति, मिज़ाज़ या स्वभाव है जो न्यायपरकता और मानवीय व्यवहार पर खरा उतरता है।

ईमानदारी सबसे अच्छा गुण है। ईमानदारी ही केवल एक ऐसा गुण है, जिसको कोई भी जीवन का कुशल आधार बना सकता है। ईमानदार व्यक्ति में सत्यता का भी गुण होता है। वह सच्चा, कार्य की लगन से युक्त और विश्वास के योग्य होता है। ईमानदार व्यक्ति व्यवसाय व संपत्ति के मामले में न्यायपूर्ण व्यवहार करता है और दूसरों के अधिकारों का आदर करता है।

ईमानदार व्यक्ति कभी चोरी नहीं करता, किसी को धोखा नहीं देता और किसी से अनुचित लाभ नहीं उठाता। ईमानदार व्यक्ति को सभी पसंद करते हैं और उसकी इज्जत करते हैं। कोई भी योग या आध्यात्मिक उन्नति बिना ईमानदारी के संभव नहीं है।

महर्षि पतंजलि कहते हैं–

अस्तेयप्रतिष्ठायां सर्वत्नोपस्थानम।

–साधनपाद (37)

अर्थात् 'चोरी के अभाव' की दृढ़ स्थिति हो जाने पर उस योगी को सब रत्नों की प्राप्ति हो जाती है।

सार–जब 'अस्तेय' (चोरी न करना) की स्थिति दृढ़ हो जाती है, तो संसार की सभी वस्तुएं उसके लिए उपलब्ध हो जाती हैं। ईमानदार व्यक्ति का सब साथ देते हैं तथा उसके लिए सभी प्रकार की वस्तुएं उपलब्ध करा देते हैं। अध्यात्म

का यह विश्वास है कि सत्य और ईमानदारी का जीवन जीने वालों को ईश्वरीय सहायता अज्ञात रूप से अवश्य प्राप्त होती है।

बेईमानी बड़ा अवगुण है। बेईमानी, लोभी और लालची लोग करते हैं। ठगना, धोखा देना, कहना कुछ तथा करना कुछ—ये सब बेईमानी के साथी हैं। यह अवगुण बहुत लोगों में किसी न किसी रूप में होता है। मनुष्य में बहुत कामनाएं होती हैं और उनको पूरा करने के लिए वह गलत तरीके या बेईमानी में आसक्त या लिप्त हो जाता है। एक बेईमान व्यक्ति रिश्वत लेने और झूठ बोलने में कभी नहीं हिचकेगा। वह अपने कार्य या व्यवसाय में सफल नहीं हो सकता है। अगर सफल भी हो जाए तो बाद में बेईमानी का पता लगने पर वह कार्य या व्यवसाय को खो बैठता है। उसे अपने व्यवसाय को कायम रखने के लिए माफी भी मांगनी भी पड़ सकती है। समाज बेईमान व्यक्ति से घृणा करता है। बेईमान और चोर के प्रति किसी को भी सहानुभूति नहीं होती तथा इसी कारण मुसीबत में पड़ने पर लोग उसकी सहायता न करके उल्टे प्रसन्न होते हैं और बोलते हैं कि वह अपने कर्मों का फल भोग रहा है। इस प्रकार उसकी दशा दयनीय हो जाती है।

ढोंग, पाखंड, दंभ, कपट, धोखा, छल, ठगना, विश्वासघात, निष्ठाहीन, मिथ्या, उल्लू बनाना—ये सब बेईमानी के सेवक या नौकर हैं।

यदि व्यक्ति लोभ और वासना को पूर्ण रूप से नष्ट कर दे, तो वह ईमानदार हो जाएगा। ईमानदार बनने के लिए बेईमानी और चोरी, चाहे वह किसी किस्म की हो त्यागना पड़ेगा। जो भी हमारे पास है उससे जब हम संतुष्ट होने लगेंगे और सत्य बोलने लगेंगे, हम जल्दी ही ईमानदार हो जाएंगे। इस प्रकार हमारा हृदय बड़ा होने लगेगा, तब हम जो भी हमारे पास है, उसकी कुर्बानी तक देने के योग्य हो जाएंगे। ईमानदार व्यक्ति आत्म-साक्षात्कार पाने में भी सफल हो जाते हैं।

(1) निम्नलिखित स्वामी रामतीर्थ जी का दृष्टांत (नीति कथा या कहावत) ईमानदारी के संदर्भ में दिया गया है।

संत तुलाधर

यह कहानी मशूहर व्यापारी संत तुलाधर की है। व्यापार में ईमानदारी ने उन्हें संत बनाया। उन्होंने इतना आत्मज्ञान अर्जित कर लिया, जो बहुत से संतों को प्राप्त नहीं था। एक दिन एक संत उनसे धार्मिक और आध्यात्मिक वार्तालाप करने आए। वह संत तुलाधर के आत्मिक ज्ञान को जानकर आश्चर्यचकित रह गया। क्योंकि वह कितने ही सालों के भगवत भक्ति के बाद भी इतना ज्ञान नहीं प्राप्त कर पाया, जो तुलाधर व्यापारी को ज्ञात था।

उस संत ने तुलाधर से पूछा, "आप क्या-क्या करते हैं तथा इतना ज्ञान आपको कैसे प्राप्त है?"

तुलाधर ने कहा, "मैं अपना व्यापार ईमानदारी से करता हूं। मैं किसी भी ग्राहक से अनुचित लाभ नहीं लेता हूं। मैं अपने लाभ की सीमा उचित तथा निश्चित रखता हूं। मैं तोलने के बाटों को साफ और ठीक रखता हूं। मैं ग्राहक को न तो अधिक देता हूं न कम। मैं सारे ग्राहकों के साथ समता और विनम्रता का व्यवहार करता हूं। मैं ईमानदारी को ही बड़ा धर्म मानता हूं। इसी कारण मुझे यह ज्ञान प्राप्त हुआ है तथा मेरा स्थान आप जैसे महान संतों के तुल्य हो गया है। इसीलिए मैं अपने को भाग्यशाली मानता हूं।"

यह ईमानदारी का महत्त्व है। यदि सारे व्यापारी ऐसी ईमानदारी से कार्य करें तो कितने संत हो जाएंगे और कैसे समाज का निर्माण होगा।

17

उदारता और ईर्ष्या

उदारता श्रेष्ठ गुण है। यह मन या चरित्र की महानता है। उदारता कुलीनता है अथवा महानुभावता है। एक उदार व्यक्ति तेजस्वी, विशिष्ट और विशाल हृदय वाला होता है। वह उदारचित्त और उत्तम प्रभावशाली होता है।

उदार व्यक्ति में स्वार्थ नहीं होता तथा वह दूसरों के लिए जीता है। उस व्यक्ति में अवगुण ढूंढ़ने पर भी नहीं मिलता। उदारता के बिना सारे गुण फीके पड़ जाएंगे। उदार व्यक्ति हर स्थिति में संपर्क में आने वाले दुखी, बीमार या निराश व्यक्ति की सहायता करता है और उसके जीवन में खुशी लाने की कोशिश करता है। उदारता का महान गुण पुरुष को कोई भी सुंदर पोशाक और स्त्री को कितनी ही सुंदर आभूषणों से अधिक सुशोभित करता है। उदार व्यक्ति का मन और हृदय हमेशा देवत्व से जुड़ा रहता है। दया उदारता का प्रतीक है।

कबीर उदार व्यक्ति के लक्षण बताते हैं–

हाड़ बड़ा हरि भजन करि, द्रव्य बड़ा कछु देह।
अकल बड़ी उपकार करि, जीवन का फल येहि॥

–संत कबीर

अर्थात् यदि शरीर और मन पूरी तरह स्वस्थ है, तो अंतर्यामी परमात्मा का भजन-सुमिरन करना चाहिये। यदि पास में धन-संपत्ति है, तो इससे भूखे तथा दीनजनों की सेवा करनी चाहिये। यदि उत्तम सत्य-ज्ञान है, तो अज्ञानी जनों को सन्मार्ग पर लाने का उपकार करना चाहिये। यही मनुष्य जीवन का फल है।

धर्म किए धन ना घटै, नदी न घटै नीर।
अपनी आंखों देखि ले, यों कथि कहहिं कबीर॥

—संत कबीर

अर्थात् उदारता, परोपकार आदि पुण्य कर्म करना ही धर्म है। इनको करने से उसी प्रकार कभी धन नहीं घटता, जिस प्रकार नदी के बहते रहने से पानी नहीं घटता। कबीर कहते हैं कि इसके प्रमाण के लिए धर्म-कर्म करके अपनी आंखों से देख लो।

जिस व्यक्ति में दया नहीं होती, उसमें उदारता भी नहीं होती।

दया भाव हिरदै नहीं, ज्ञान कथै बेहद।
ते नर नरकहि जाहिंगे, सुनि सुनि साखी शबद॥

—संत कबीर

जिनके हृदय में दया की भावना नहीं है, अर्थात् प्राणियों के प्रति सेवा उपकार की भावना नहीं है और वे सीमा से अधिक ज्ञान का व्याख्यान करते रहते हैं, ऐसे मनुष्य केवल साखी-शब्दों को सुन-सुनकर भी भयंकर दुःख रूपी नरक में जाएंगे। जीवन के कल्याण के लिए करुणापूर्ण भावों का होना परम आवश्यक है।

ईर्ष्या एक ऐसा भाव या वृत्ति है, जिसमें व्यक्ति पड़ोसी या दूसरे व्यक्ति की उन्नति देखकर कुढ़ता है। घृणा और क्रोध ईर्ष्या में छिपा होता है।

तुच्छ मन के व्यक्ति को ईर्ष्या होती है। उसका हृदय जलता है, जब वह पड़ोसी को संपन्न होते हुए देखता है। यही हाल परिवारों का, समुदायों का, प्रांतों का और देशों का होता है। यहां तक कि पढ़े-लिखे लोग और संन्यासी भी इस ईर्ष्या से मुक्त नहीं। ईर्ष्या हृदय को जलाती है और मनुष्यों का शारीरिक एवं मानसिक स्वास्थ्य बरबाद कर देती है। जब हृदय में ईर्ष्या हो, तो व्यक्ति कैसे तनावमुक्त हो सकता है तथा उसका मन कैसे शांत हो सकता है? ईर्ष्या शांति और ज्ञान का बड़ा दुश्मन है।

एक व्यक्ति जो ईर्ष्या से भरा होता है, वह पड़ोस में, दोस्तों में, रिश्ते में, व्यवसाय में और यहां तक कि परिवार में, उस व्यक्ति से घृणा करता है, जो उससे बेहतर स्थिति में हो। ईर्ष्यालु व्यक्ति उसको किसी भी तरह से नीचे गिराने की कोशिश करता है। वह चुगली करके, पीठ पीछे निंदा करके, बदनामी करके, अफवाह फैला के उसके काम में दखल दे कर उसको नीचे गिराता है। सारी बुराइयों

की जड़ ईर्ष्या है। ईर्ष्या माया का सबसे बड़ा शस्त्र है। माया इस वृत्ति से व्यापक विनाश करती है। पैसे के लिए और संपत्ति के लिए लोग हत्या तक कर देते हैं। क्रोध, घृणा और द्वेष ईर्ष्या के साथ रहते हैं। अगर ईर्ष्या को मार दिया जाए तो द्वेष, घृणा और क्रोध अपने आप मर जाएंगे।

स्वामी शिवानंद कहते हैं कि कोई भी व्यक्ति जिसमें ईर्ष्या हो, वह रत्ती भर भी खुश नहीं रह सकता। सुखी व्यक्तियों को देखकर संतुष्ट होने का अभ्यास करना चाहिये। ऐसा अभ्यास ईर्ष्या को कम करता जाएगा। जिस तरह दूध उबाल खाने के बाद भी बार-बार उबाल खाता है, उसी तरह ईर्ष्या भी बार-बार आती है। ईर्ष्या अवगुण को दूर करने के लिए इसके विपरीत उदारता और कुलीनता का गुण विकसित करना चाहिये। व्यवहार में सरलता और उदारचित्तता का अभ्यास ईर्ष्या को मिटा देगा।

देख पराई चूपड़ी, क्यों ललचाए जी।
रूखी सूखी खाय के, ठंडा पानी पी॥

–संत कबीर

दूसरे यदि चुपड़ी हुई रोटी खाते हैं, तो अपने जी को मत ललचाओ तथा अपने पास जो भी रूखा-सूखा है, उसे खाकर ठंडा पानी पी जाओ अर्थात् दूसरों को सुखी देखकर ईर्ष्या मत करो तथा अपने पास जो है, उसी में संतुष्ट रहना उचित है।

18

आडंबर और सरलता

अपनी छोटी सी या न के बराबर उपलब्धि को भी लोगों से बहुत ही बढ़ा-चढ़ाकर बताना आडंबर है। यह खोखला घमंड है। यह मिथ्याभिमान है। यह मिथ्याचार है। अपने बारे में सब लोगों को किसी भी तरीके से यह बताना कि वह विशेष या असामान्य व्यक्ति है तथा शेखी मारना आडंबर है। आडंबरयुक्त व्यक्ति को अपनी बड़ाई करने में आनंद आता है, पर वह यह नहीं जानता कि लोगों को उसे सुनने में कोई रुचि नहीं है। वह न तो दूसरों की अच्छी सलाह को सुनता है और न ही उसे किसी के विचारों से मतलब होता है। घमंड और आडंबर में थोड़ा अंतर होता है। घमंड करने वाले के पास कुछ तो होता है, लेकिन आडंबर करने वाले के पास कुछ नहीं होता।

आडंबर लगभग हर एक व्यक्ति के हृदय में रहता है। वे सब इसे हृदय में पोषण करते हैं। यहां तक कि कौआ, सूअर या कुरूप व्यक्ति भी अपने को सुंदर समझता है। यह सारी दुनिया आडंबरों का मेला जैसा है। यह फैशन की दुनिया है। आडंबर व्यक्ति को संकट में डालता है और उसके चरित्र को बरबाद करता है। वह जहां जाता है, उसका मजाक उड़ाया जाता है। आडंबर को दूर करने के लिए इसका विपरीत गुण 'सादगी' को अपनाया जाना चाहिये। अपने में सरलता और नम्रता लाने से आडंबर हटने लगेगा। अपने बारे में और अपनी उपलब्धि के बारे में कम सोचिए। खुद अपनी बड़ाई न करें और किसी से अपनी प्रसन्नता न सुनें। अपनी सेवा किसी से न करवाएं तथा दूसरों की सेवा में लग जाएं। ये अभ्यास आडंबर को मिटा देगा।

आजकल बहुत से लोग तन के योगी बनने में लगे हुए हैं। मन के योगी बहुत ही कम मिलेंगे। मन का योगी या जोगी सदैव सत्य का व्यवहार करता

है और दूसरों को भी सीधा, सरल एवं शुद्ध व्यवहार करने के लिए कहता है। चाहे बाल लंबे हों या बिल्कुल साफ किए हों, इन वाह्य साधनों का कुछ प्रभाव नहीं पड़ता है। वास्तव में जो वाह्य आडंबर करते हैं या अपनी सिद्धियों का प्रदर्शन करते हैं, उनकी आंतरिक शक्ति बहुत ही कम होती है। अच्छे व्यक्ति सिद्धियों का प्रदर्शन नहीं करते। कभी-कभार लोककल्याण के लिए ही उसका प्रयोग करते हैं। आडंबर करने वाले साधु कपटी और पाखंडी होते हैं। वे साधु-वेश में दूसरों को धोखा देते हैं। इसी प्रकार के ढोंगी साधुओं ने 'साधु वेश' को कलंकित किया है।

संत कबीर ने आडंबर के बारे में ये दोहे कहें हैं–

तन को जोगी सब करै, मन को करै न कोय।
सहजै सब सिधि पाइये, जो मन जोगी होय॥

–संत कबीर

लोग वेश आभूषण धारणकर केवल शरीर को ही जोगी का रूप बनाते हैं, परंतु मन को जोगी कोई नहीं करता। यदि मन को परिवर्तित कर (संयमशील) योगी बना लिया जाए, तो सहज ही सारी सिद्धियां प्राप्त हो जाएंगी अर्थात् मानव का कल्याण हो जाएगा।

मन मैला तन ऊजरा, बगुला कपटी अंग।
तासौं तो कौआ भला, तन मन एकहि अंग॥

–संत कबीर

जो बगुले के समान कपटी हैं, जिसका मन मैला और तन उजला है, उनसे तो कौआ ही अच्छा है जो तन-मन से एक जैसा ही है। अर्थात् छिपे हुए दुष्ट लोग अधिक खतरनाक होते हैं।

माला तिलक लगाइ के, भक्ति न आई हाथ।
दाढ़ी मूंछ मुंड़ाय के, चले दूनी के साथ॥

–संत कबीर

माला पहन ली और तिलक लगा लिया, परंतु इससे भक्ति प्राप्त नहीं हुई। दाढ़ी-मूंछ भी मुंड़वा ली और दुनिया के साथ चल पड़े, इससे कुछ भी लाभ नहीं हुआ अर्थात् केवल बाहर के प्रदर्शन मात्र से भक्ति नहीं होती, यह तो स्वयं को तथा औरों को भी धोखा देने वाली बात है। अतः आंतरिक मन को संयमित करो।

सरलता सादगी है, कलामुक्त व्यवहार है, स्पष्टवादिता है और निष्कपट व्यवहार है। सरलता में कोई छल नहीं होता, कोई कपट नहीं होता और कोई बहाना भी नहीं होता है। सादगी सत्यनिष्ठ व्यवहार है।

सरलता प्रकृति का पहला कदम है, और कला का अंतिम। कपड़े पहनने में, भोजन में, चरित्र में और व्यवहार में सरलता एवं सादगी सर्वोत्तम श्रेष्ठता है।

सरल व्यक्ति मन, वचन और कर्म में एक ही होता है। वह जो सोचता है, वह कहता है और जो कहता है, वह करता है। वह हर तरीके से स्पष्ट होता है। सादा और स्पष्ट व्यक्ति महान होता है। छोटा बच्चा सरल स्वभाव का होता है। अच्छाई और सरलता पर्यायवाची शब्द हैं।

सत्य सरल होते हैं, इसीलिए महान व्यक्ति भी सरल होते हैं। सरल और स्पष्ट व्यक्ति मिलनसार होते हैं, इसलिए सब उन्हें मित्र बनाना चाहते हैं। सरल व्यक्ति सीधा और भोला होता है। वह व्यवहार तथा कर्म में पूर्ण ईमानदार होता है।

पवित्रता और सरलता दो पंख हैं, जिनसे उड़कर मनुष्य भगवान के पास जा सकता है।

19 निराशा और प्रसन्नता

निराशा उत्साह का गिरना है। यह उदासी है। निराशा परम आवश्यक या अनिवार्य शक्ति का कम होना है। निराशा दुःख और तनाव की दशा है। यह हतोत्साह है। निराशा से व्यक्ति निराशावादी हो जाता है। निराशा सारे प्रयासों को विफल कर देती है। निराशा से व्यक्ति के मन और शरीर बीमार हो जाते हैं। यह साहस की चाह है। निराशा कई कारणों से हो सकती है, जैसे अस्वस्थ होने से, अपच से (पेट की गड़बड़ी), बादलों से घिरे आकाश से, बीती हुई घटनाओं के पुनः याद आने से, पुराने संस्कारों के उदय होने से, इत्यादि। यह नकारात्मक सोच है।

निराशा को कभी भी अपने ऊपर हावी न होने दें। निराशा लंबे समय तक नहीं चल सकती, क्योंकि अवस्था बदलती है और परिस्थितियां बदलती हैं। थोड़ा इंतजार करें और आशावादी दृष्टिकोण बनाए रखें, तब आप पाएंगे कि निराशा भाप की तरह उड़ गई है। आपने ख्याल किया होगा कि जो समस्या हमें कभी मुश्किल में डालने वाली लगती है, वही समस्या समय बीतने पर साधारण सी लगती है। हमारा मन कल्पना से समस्या को बड़ा बनाता है, मतलब राई का पहाड़ बना देता है। हमेशा अपने आपको तथा औरों को जो भी आपके संपर्क में आता है, उसे धीरज और साहस दीजिए। खुद खुश रहिए, औरों को खुश रखिए और निराशा को दूर भगाइए। किसी भी समस्या का कुछ न कुछ हल होता है। जिसको व्यक्ति ध्यान देने पर खुद सुलझा सकता है या अपने शुभचिंतक विद्वान दोस्त या रिश्तेदार की मदद से सुलझा सकता है। आपका योग्य गुरु समस्या का समाधान कर सकता है।

आशा, साहस और कार्य में व्यस्त रहना आपकी सारी निराशा और डर को दूर भगा देगा और पहाड़ सी लगने वाली समस्या राई के समान लगने लगेगी।

ऐसा बुरा नहीं होता, जिसे हम निराशा में सोचते हैं। सकारात्मक सोच, नकारात्मक सोच को पराजित कर देती है।

प्राणायाम (कपालभाति और अनुलोम-विलोम प्राणायाम) करने से, योगासान करने से, सैर करने से, हारमोनियम या दूसरे संगीत यंत्र बजाने से, अपने को किसी कार्य में व्यस्त रखने से, कीर्तन करने से और आनंद से आत्मा पर पूर्ण ध्यान लगाने से निराशा मिट जाएगी।

प्रसन्नता, उत्साह और खुशी की अवस्था है। प्रसन्नता खुश रहने की आदत है। प्रसन्नता प्रफुल्लता है। प्रसन्नता, आनंदित रहना है।

प्रसन्नता बीमारी और जीवन के बोझ को हल्का करता है। यह आश्चर्यजनक शक्ति प्रदान करता है और सहनशक्ति बढ़ाता है। प्रसन्न व्यक्ति में अधिक क्षमता होती है। वह दोषरहित और अधिक कार्य कर सकता है। प्रसन्नता उत्तम औषधि है। यह अच्छा स्वास्थ्य और शांति देता है। एक दयालु और सहानुभूतिपूर्ण व्यक्ति हमेशा प्रसन्न रहता है।

एक प्रसन्न व्यक्ति खिली धूप के समान है। वह अपने चारों ओर खुशी बिखेरता है। प्रसन्न व्यक्ति को सभी पसंद करते हैं। प्रसन्नता नर और नारी के लिए सभी आभूषणों से उत्तम है और इस गुण से व्यक्ति में निखार आता है। प्रसन्न व्यक्ति को देखकर सबको अच्छा लगता है।

जिस तरह सूरज की रोशनी फूलों के लिए है, उसी तरह प्रसन्नता (खुशी से मुस्कराना) मानवजाति के लिए है। प्रसन्न व्यक्ति सबको खुशी देता है, इसलिए सब उस पर आकर्षित होते हैं। वह व्यक्ति लंबे समय तक ध्यान लगा लेता है। कुछ व्यक्ति जन्म से ही प्रसन्न रहते हैं। उनमें यह गुण पिछले जन्मों के अच्छाइयों का प्रभाव है। ऐसे व्यक्ति समाज के लिए वरदान हैं।

प्रफुल्लता, खुशी, आनंद, उत्साह, विनोद, आमोद-प्रमोद, हर्ष, सुंदरता, मुस्कराना, उल्लास, प्रसन्नता के समानार्थक शब्द हैं।

20 चिंता और शांति

चिंता ऐसी बावरी, काट कलेजा खाय।
वैद्य बेचारा क्या करे, कब तक दवा पिलाय ॥
–संत कबीर

चिंता ऐसी पागलपन या उत्तेजक क्रिया प्रतीत होती है कि मानो कलेजे को काटती हो अर्थात् चिंता बहुत ही कष्ट देती है। कबीर कहते हैं कि जिस प्रकार लाइलाज बीमारी बार-बार दवा पिलाने से ठीक नहीं होती है, उसी प्रकार चिंता को मिटाना भी मुश्किल है।

चिंता परेशानी है, फिक्र है और व्याकुलता है। अच्छा होगा कि बुरा होगा, मन में ऐसी लड़ाई ही चिंता है।

चिंता का मतलब मन में कष्ट या क्लेश है। यह मनुष्य को धीरे-धीरे बरबाद कर देती है। यह कैंसर के समान है तथा मनुष्य को धीरे-धीरे कमजोर कर देती है। जब हम गहरे चिंतन से चिंता का कारण समझने की कोशिश करते हैं, तो पता लगता है कि यह मन की चाहत या इच्छा की वजह से है। मन की चाहत या इच्छा लोभ, काम, क्रोध, ईर्ष्या, मोह और अहंकार से जुड़ी होती है तथा इनमें से कोई भी मन को चिंता में डाल देता है। यदि अनासक्ति विवेक या समझ-बूझ से इन्हें निष्क्रिय कर दिया जाए, तो मनुष्य चिंतामुक्त हो जाएगा।

चिंता करना व्यर्थ है। चिंता से किसी भी समस्या का हल नहीं होता। अपने को किसी न किसी कार्य में व्यस्त रखना चिंता को तोड़ देता है। कल क्या होने वाला है, उसकी चिंता आज न करें। ऐसा करने से हम कल का बोझ भी आज के दिन में जोड़ देते हैं। अगर आप चिंताओं की सूची बनाएं, तो पता लगेगा कि बहुत सी चिंताएं बेकार तथा अनावश्यक हैं। भूतकाल में जो हो चुका है, उसकी चिंता करना भी व्यर्थ है, क्योंकि जो हो चुका है उसे बदला नहीं जा सकता।

सिर्फ यह संकल्प लिया जा सकता है कि ऐसा दुबारा न हो। फिक्र, व्याकुलता, परेशानी, चिढ़ना, खीझ, क्लेश, आपत्ति, झंझट, उत्कंठा, घबराना, व्यग्रता, उतावलापन, दुःख, उत्पीड़न—ये सब चिंता के साथी हैं।

चिंता को मिटाने के लिए नीचे लिखी कहावतों पर अमल करना उचित है, मुसीबत, मुसीबत तब तक न बोलिए, जब तक मुसीबत वाकई मुसीबत न बन जाए। जब आपके पास वह चीज नहीं है जो आप पसंद करते हैं, तो आपको वह चीज पसंद करना चाहिये जो आपके पास है। अपनी तरफ से उत्तम करिए, बाकी भगवान पर छोड़ दीजिए।

कबीर कहते हैं कि यदि आपको अपना आचरण सुधारने की चिंता है तो ऐसी चिंता अच्छी है, क्योंकि यह व्याकुल नहीं करेगी तथा आप धीरे-धीरे सुधर जाएंगे।

चातुर को चिंता घनी, नहिं मूरख को लाज।
सर अवसर जानै नहीं, पेट भरन सूं काज॥

—संत कबीर

जो गुरु के जिज्ञासु प्रेमी हैं, विचारवान हैं, उन्हें अपने आचरण को सुधारने की विशेष चिंता रहती है और जो मूर्ख-अज्ञानी लोग हैं, उन्हें अपनी मूर्खता पर लज्जा नहीं आती। वे समय-कुसमय को नहीं जानते, बस उन्हें तो पशु की भांति पेट भरने से ही काम है।

शांति मन में आराम की अवस्था है। यह हो-हल्ला, उपद्रव, घबराहट, आंदोलन, झुंझलाहट और विघ्न या बाधा से मुक्ति है। शांति विश्राम और समता की अवस्था है। शांति निश्चलता की अवस्था है। शांति वास्तव में लड़ाई की अनुपस्थिति है।

कबिरा क्या मैं चिंतऊं, मन चिंते क्या होय।
मेरी चिंता हरि करे, चिंता मोहि न कोय॥

चाह गई चिंता मिटी, मनवां बेपरवाह।
जाको कछु न चाहिये, सोई साहंसाह॥

—संत कबीर

कबीर कहते हैं कि ईश्वर भक्ति के बाद और किसी चीज की चिंता करने की आवश्यकता नहीं। चाहत या इच्छा के जाते ही चिंता मिट जाती है। और

मन शांत तथा बंधनमुक्त हो जाता है। दूसरे शब्दों में कामना छोड़ने के बाद मन परम आनंदित रहता है।

शांति पैसे, महल, राज्य, दौलत, अधिकार और संपत्ति प्राप्त करने से नहीं मिलती। यह बाहर की वस्तुओं में नहीं मिलती, बल्कि हमारे में जो आत्मा है उसमें मिलती है। जब मन की सारी वृत्तियां आत्मा में घुलमिल जाती हैं, तो शांति प्राप्त होती है।

शांति मित्रभाव, सद्भावना, सहानुभूति, सहनशक्ति और समन्वय से आती है। शांति प्रार्थना, जप, कीर्तन, ध्यान करने और अच्छे एवं शुद्ध विचार रखने से आती है। स्वार्थ, इच्छाएं, आसक्ति, अहंकार, कामना और लालसा मिटाने से शांति आती है। ईश्वर-भक्ति, आत्म-नियंत्रण, प्रत्याहार, अपरिग्रह से मन की खुशी और शांति मिलती है। त्याग सबसे अधिक शांति देता है।

अपने कार्य या जिम्मेदारियों से दूर भागने से शांति नहीं मिल सकती। अगर व्यक्ति ने अपने आसक्ति, अहंकार, कामना और लालसा का त्याग नहीं किया तो चाहे वह किसी वीरान क्षेत्र या वन में जाकर रहने लगे, उसको शांति नहीं मिल सकती, क्योंकि वही कामनाएं, लालसाएं और आसक्तियां उसे वहां शांत नहीं रहने देंगे तथा वह वापस अपने घर आ जाएगा। धन्य हैं, वो लोग जो शांत रहते हैं और दूसरों को धीरज व शांति देते हैं।

21 जीवन और मृत्यु

पांच तत्त्व का पूतरा, मानुष धरिया नाम।
दिन चार के कारने, फिर फिर रोके ठाम॥

–संत कबीर

अर्थात् यह पांच तत्त्वों का पुतला (पृथ्वी, जल, अग्नि, वायु और आकाश) से निर्मित, जिसका नाम मनुष्य रख दिया गया है। चार दिन के क्षणिक भोगों के कारण अहंता, ममता और वासना के अधीन हुए इस जीव ने अपने मोक्ष के द्वार को माया-मोह में डुबों कर रखा है।

मरूं मरूं सब कोई कहै, मेरी मरै बलाय।
मरना था सो मरि चुका, अब को मरने जाए॥

–संत कबीर

इस संसार में सभी 'मर जाऊंगा-मर जाऊंगा' कहते रहते हैं, परंतु मेरी तो शारीरिक अहंता, ममता तथा वासना ही मर चुकी है। फिर अब मरने को शेष बचा ही क्या है? जितना मरना था, वह तो मर चुका, अब मरने को कौन जाए।

संसार में जो जन्म लेता है, उसकी मृत्यु निश्चित है। मृत्यु की अनिवार्यता को जानते हुए भी मनुष्य मृत्यु का स्वागत या सामना न कर उससे मुंह छुपाने का प्रयास करता है। सृष्टि में न तो कोई ऐसा स्थान है, जहां मृत्यु की पहुंच न हो और न ही कोई ऐसा डॉक्टर, वैद्य या हकीम है जो किसी को बचा सके। संपूर्ण सृष्टि ही नश्वर है। हर एक प्राणी का हर क्षण जीवन कम होकर मृत्यु की ओर बढ़ता रहता है। कबीर कहते हैं कि मनुष्य को 'जीते-जी मरना' या 'मृत्यु से पहले मरना' या 'मर कर फिर जी उठना' की कला जान लेनी चाहिये। मृत्यु के समय आत्मा शरीर के विभिन्न अंगों तथा नौ द्वारों से सिमट कर आंखों

के पीछे आ जाती है और यहां से निकलकर शरीर को हमेशा के लिए छोड़ देती है। संतों द्वारा सिखाए गए अभ्यास में शिष्य इसी प्रकार शरीर को छोड़कर आंखों के केंद्र में आता है और यहां से रुहानी मंडलों में प्रवेश करता है, परंतु इस अवस्था में वह आत्मा को शरीर से जोड़े रखने वाले उस सूक्ष्म तार को नहीं तोड़ते जो कि मौत के समय टूट जाता है। अपने अभ्यास के बाद शिष्य वापस अपने शरीर में आ जाता है। जीते-जी मरने की यह अवस्था गुरु द्वारा दिए गए नाम या शब्द के अभ्यास द्वारा प्राप्त होती है। इसका उल्लेख सभी संतों ने किया है। संत नामदेव ने कहा था कि गुरु के द्वारा दिए गए शब्द के अभ्यास से मैंने अपने आपको पहचाना और जिंदा रहते हुए मरने की विधि सीखी। इसी प्रकार गुरु नानक ने कहा था कि जो गुरु के शब्द के द्वारा मरकर जी उठता है, वह मोक्ष के द्वार को पा लेता है।

मुस्लिम संतों ने भी जीते-जी मरने को परमात्मा की प्राप्ति का आवश्यक अंग बताया था। मौलाना रूम ने कहा था कि ऐ दोस्त, अगर तू हमेशा की जिंदगी चाहता है तो मौत से पहले मर, अपनी जिंदगी को उस ऊंची हस्ती के सुपुर्द कर दे, अपने जिस्म से बाहर निकल जा। अगर तू जीते-जी नहीं मरेगा, तुझे हमेशा का सुख नहीं मिल सकेगा। ख्वाजा हाफिज ने भी कहा था कि जब तक तू शरीर को खाली नहीं करेगा, तू रूहानी आनंद की गली में पैर नहीं रख सकेगा। कबीर ने यही भाव इस प्रकार व्यक्त किया था।

ऊंचा तरवर गगन फल, बिरला पंछी खाय।
इस फल को तो सो चखै, जो जीवत ही मरि जाय॥

—संत कबीर

मरने के बाद तो हर जीव को शरीर छोड़कर सूक्ष्म मंडलों में जाना पड़ता है। परंतु संतों ने कहा है कि मनुष्य को चाहिये कि जीते-जी शब्द के अभ्यास द्वारा उन मंडलों को तय कर ले, जहां मरकर उसे जाना पड़ेगा।

कहै कबीर गुर परम गियान, सुनि मंडल मैं धरौं धियान।
प्यंड परे जीव जैहैं जहां, जीवत ही लै राखौ तहां॥

—संत कबीर

कबीर कहते हैं कि गुरु का दिया हुआ परम ज्ञान यही है कि शिष्य अंतर के मंडलों में जीते-जी प्रवेश करे और मन व माया से परे के चेतन लोक में पहुंचे। अभ्यासी को चाहिये कि शरीर छूटने पर उसे जहां जाना है, वहां जीवित अवस्था में पहुंचे।

जीवन के बारे में और भी स्वामी-संतों ने अपने-अपने विचार लिखे व कहे थे, जिनको संग्रह कर मैं नीचे लिख रहा हूं।

जीवन में मरना भला, जो मरि जानै कोय।
मरना पहिले जो मरै, अजर अमर सो होय॥

—संत कबीर

जीते जी मरना अच्छा है, यदि कोई मरना जानता हो अर्थात् अपनी सभी इच्छाओं-कामनाओं को मार देना अच्छा है। इस प्रकार मरने से पहले ही जो मर लेता है, वह अजर अमर हो जाता है।

स्वामी विवेकानंद कहते हैं—

– जीवन सपनों की दुनिया है, चाहे कोई हंसे या रोए इससे कोई फर्क नहीं पड़ता, ये सपने आगे या पीछे कभी भी टूट जाएंगे।
– सारा जीवन व्यायामशाला या कसरतशाला की तरह है।
– जीवन का उत्तम उपयोग सबकी सेवा करना है।
– जो अपना जीवन ईश्वर को समर्पित कर देता है, वह अमर हो जाता है।
– इस दुनिया में कोई बिना इच्छा के, बिना विरोध के और बिना विध्वंस के रह नहीं सकता है।
– जीवन हर एक के लिए समझौता होना चाहिये।
– अनुकूलीकरण जीवन का सारा रहस्य है।
– जीवन की परछाईं मृत्यु है।
– जीवन हमारे लिए अध्यापक की तरह है, मरने के बाद अगला जीवन समझने के लिए फिर शुरू हो जाता है।

स्वामी शिवानंद जीवन के बारे में कहते हैं—

नित्य आत्मा में रहना, आत्मा का आनंद लेना, निरंतर भगवान को याद करना, गरीब एवं बीमार व्यक्ति की सेवा करना तथा समाज की सेवा करना, अपने आप को समझकर ब्रह्मज्ञान प्राप्त करना जीवन है।

विलियम शैक्सपियर ने जीवन के बारे में कहा था—

यह सारा जीवन एक नाटक है, सब अपना-अपना अभिनय कर रहे हैं और दिलचस्प चीज देखने की यह है कि कौन अपना अभिनय कितनी कुशलता से करता है।

पंडित शिवानंद जी कहते हैं–

जीवन में अनगिनत आयाम और अपरिमित गहराई होती है। हर एक जीव अन्याय, दुःख, अभाव, बीमारी और मृत्यु की परिस्थितियों में जीने के लिए और खुशियों के क्षण पाने के लिए संघर्ष करता है। मनुष्य खुशी और निराशा के द्वंद्वों में झूलता रहता है तथा स्थायी शांति और आनंद पाने की कामना या इच्छा करता है।

मृत्यु के बारे में और भी स्वामी और संतों ने अपने-अपने विचार लिखे या कहे थे, जिनको भी संग्रह कर मैं नीचे लिख रहा हूं।

हाड़ जले, लकड़ी जले, जले जलावन हार।
कौतिक हारा भी जले, कासों करूं पुकार॥

–संत कबीर

मरने पर श्मशान में शरीर की हड्डियों और लकड़ियों को जलाने वाला भी एक दिन इसी भांति जल जाता है। दाह क्रिया को देखने वाले दर्शक भी एक-एक करके समयानुसार जल जाते हैं। फिर किसके सामने क्या पुकार करूं? अर्थात् सारे जगत में इस नियति से कोई नहीं बच सकता।

स्वामी विवेकानंद कहते हैं–

- मृत्यु का मतलब सिर्फ शरीर और परिस्थितियों का बदलना है।
- मृत्यु अज्ञानी वनस्पति की तरह उगने से अच्छा है।
- हारी हुई जिंदगी जीने से लड़ाई के मैदान में मरना अच्छा है।
- मनुष्य की आत्मा नित्य और अमर तथा परिपूर्ण और अनंत है, मृत्यु का मतलब सिर्फ केंद्र का बदलना है एक शरीर से दूसरे शरीर में।

स्वामी शिवानंद जी कहते हैं–

- मृत्यु आत्मा का शरीर से अलग होना है।
- मृत्यु नए जीवन के लिए प्रस्थान का बिंदु बन जाता है।
- मृत्यु और जन्म माया का खेल है।
- मृत्यु केवल शरीर की होती है जो कि पांच तत्त्वों की बना है। आत्मा की मृत्यु कैसे हो सकती है, जो समय, स्थान और कारणों से परे है?
- मृत्यु, सूक्ष्म शरीर का भौतिक शरीर से अलग होना है।

– पेड़ से फल पक के जमीन पर गिर जाता है, लेकिन इसके बीज में पूर्ण जीवन होता है। बीज मर जाता है। लेकिन वह बीज उगकर बड़ा पेड़ बन जाता है।
– मृत्यु एक प्राकृतिक घटना है। यह आपकी प्रगति के लिए आवश्यक है। जब यह शरीर बेकार हो जाता है, तो प्रभु रुद्र इसे हटाकर नया शरीर दे देते हैं।
– समाधि मृत्यु के समान लगती है लेकिन होती नहीं, क्योंकि बाहरी लक्षण एक जैसे होते हैं। आत्म साक्षात्कार मृत्यु के डर को खत्म कर देता है।

22 अनुकूलीकरण और असहयोग

अनुकूलीकरण एक महान गुण है, जिसके द्वारा व्यक्ति अपने को दूसरों के अनुसार ढालता है। चाहे उनका स्वभाव कैसा भी क्यों न हो। यह परिस्थिति के अनुसार जीवन के विभिन्न आयामों में अपने को बदलने की कला है।

अनुकूलीकरण प्रकृति का नियम है जिसका अर्थ स्वयं को परिवर्तित होने वाली परिस्थितियों के अनुरूप बना लेना है, ताकि व्यक्ति ठीक से जीवित रह सके और फल-फूल सके। व्यक्ति को चाहिये कि वह जीवन के विभिन्न आयामों में बुद्धिमत्तापूर्वक स्वयं का समायोजन कर ले। कदाचित जीने की कला समायोजन करने में ही निहित है।

यदि आप ऐसे लोगों के मध्य में रह रहे हैं, जिन्हें आप बदल नहीं सकते और छोड़ भी नहीं सकते। यदि आप ऐसी परिस्थितियों से घिरे हुए हैं, जो परमावश्यक या अपरिहार्य है, तो आपको संभव समायोजन और समझौता करके अपना अनुकूलीकरण कर लेना चाहिये, ताकि आप जीवन यापन कर सकें और किसी वक्त शक्तिशाली व्यक्ति के रूप में उभर कर आ सकें। यदि कुछ ऐसा जिस पर आपका बिल्कुल नियंत्रण नहीं है, आपको उसके संबंध में परेशान या व्याकुल नहीं होना चाहिये। जिसे आप बदल न सकें, उसे प्रसन्नता पूर्वक स्वीकार कर लें। यदि परिवार में किसी की मृत्यु हो जाती है, तो उसे स्वीकार कर लेना चाहिये, क्योंकि उसे आप बदल नहीं सकते। अनुकूलीकरण में स्थापित व्यक्ति उसे विधाता का विधान मानकर स्वीकार कर लेता है और किसी से असहयोग नहीं करता।

अनुकूलीकरण को अपने में विकसित करने के लिए नम्रता और अनुसरण का गुण होना आवश्यक है, जबकि घमंड और अहंकार इसको विकसित करने

में बाधक हैं। जिसको अपने में अनुकूलीकरण का गुण लाना है, उसे किसी से भी घृणा करने तथा अपने को बड़ा समझने का विचार हटाना होगा। उसे सबको साथ मिलाना होगा और सबको स्वीकार करना होगा। अनुकूलीकरण घृणा को जड़ से मिटा के व्यापक प्रेम पैदा करता है। स्वामी विवेकानंद ने कहा था कि सबसे बराबर प्रेम करना वास्तव में मुश्किल है, परंतु इसके बिना न समदृष्टि होगी और न मुक्ति ही संभव है।

अनुकूलीकरण करने वाले व्यक्ति को बहुत कुरबानी देनी पड़ती है। उसे स्वार्थ को मिटाना होता है। जो भी उसके पास है, उसे सबके साथ बांटना पड़ता है। उसे कभी अपमान और कभी खरी-खोटी बातें भी सुननी पड़ती हैं, क्योंकि दूसरे लोगों का स्वार्थ उसके अनुकूलीकरण से टकराता है। वह समाज में एकता का भाव विकसित करता है। वह किसी भी परिस्थिति में रह सकता है, क्योंकि उसका मन और बुद्धि समता में स्थापित हो गई होती है। वह अत्यधिक सर्दी या गर्मी भी सहन कर लेता है। अनुकूलीकरण से उसमें आत्मज्ञान आ जाता है तथा वह व्यक्ति आत्म साक्षात्कार कर लेता है। उसमें व्यापक प्रेम विकसित हो जाता है। वह महामानव हमेशा सफल होता है और खुश रहता है।

अस्तित्व के लिए संघर्ष का अर्थ केवल भाग जाना अथवा लड़ना ही नहीं है, बल्कि अनुकूलीकरण करना भी है। अनुकूलीकरण करने का अर्थ किसी के सामने निकृष्ट आत्म समर्पण करना अथवा पाप के सामने झुक जाना नहीं है, बल्कि अपने अस्तित्व को किसी उत्तम आदर्श और उन उच्च आकांक्षाओं की पूर्ति के लिए जो गहन सुख दे सके, सुरक्षित रखना है।

असहयोग ऐसा अवगुण है, जिससे व्यक्ति दूसरों के साथ तालमेल नहीं बिठा पाता है। वह परिस्थिति के अनुसार जीवन के विभिन्न आयामों में अपने को बदल नहीं सकता है। दूसरों का साथ कैसे निभाया जाता है, उसे इसका ज्ञान नहीं होता है।

असहयोग अलग होने का मार्ग दिखलाता है, क्योंकि असहयोगी दूसरों के साथ मेल नहीं बिठा सकता या समायोजन नहीं कर सकता है। अहंकार और घमंड से भरे व्यक्ति को दूसरों के लिए, अपने को बदलना मुश्किल होता है। ऐसा व्यक्ति परेशान रहता है और अपनी कोशिशों में असफल रहता है। पति-पत्नी आपस में अनुकूलीकरण नहीं कर सकते, एक-दूसरे के लिए झुक नहीं सकते और एक-दूसरे के लिए अपने आपको बदल नहीं सकते, इसीलिए एक दूसरे को नाराज करते रहते हैं और आपस में झगड़ते हैं। यहां तक कि तलाक की नौबत आ

जाती है। दफ्तर में क्लर्क या सहयोगी, मालिक या प्रबंधक से असहयोग करता है और अपनी नौकरी से हाथ धो बैठता है। मालिक या प्रबंधक की आज्ञा का पालन करना चाहिये, क्योंकि वह आपसे अधिक जिम्मेदार होता है। याद रखिए! आज्ञा-पालन, कार्य या सेवा से अधिक महत्त्वपूर्ण है। आपका आदरपूर्ण व्यवहार और आज्ञा पालन (सर, हांजी-हांजी, कार्य अभी करता हूं), आपके प्रति उसके मन में प्रेम पैदा करता है। इस तरह उसके दिल में आपके लिए जगह बन जाएगी और वह आपकी गलतियों को भी माफ कर देगा।

दूसरी तरफ ऐसे मालिक या प्रबंधक भी हैं, जो अपने घमंड या अहंकार के कारण बुद्धिमान और ईमानदार सहायक कर्मचारी को बार-बार डांटते हैं या उसका शोषण करते हैं और वह अच्छा व्यक्ति नौकरी छोड़कर दूसरे दफ्तर में चला जाता है। सफल व्यवसायी या व्यापार करने वाला अपने कर्मचारियों को साथ ले चलता है। मालिक और कर्मचारी एक-दूसरे का सहयोग करते हैं, दूसरे शब्दों में उन्होंने आपस में अनुकूलीकरण कर लिया है। यह दुनिया अनुकूलीकरण से ही चल सकती है, असहयोग से नहीं। परिवार में अगर तालमेल न हो या असहयोग हो, तो परिवार टूट जाता है।

इस देश में कितने ही धर्म हैं जैसे हिंदू, मुस्लिम, सिक्ख, ईसाई आदि। कितनी ही जातियां हैं, कितनी ही भाषाएं हैं, कितने ही प्रदेश हैं, लोगों के कितने ही किस्म के रीति-रिवाज हैं। अगर हम इन भिन्नताओं के आधार पर एक-दूसरे से असहयोग करने लग जाएं या इस आधार पर एक-दूसरे से घृणा करने लग जाएं, तो कैसे चलेगा यह समाज और यह देश? हमें इस विभिन्नता की कद्र या इज्जत करनी चाहिये, क्योंकि हर भिन्नता में कुछ नया और अच्छा होता है। हमें उसे स्वीकार कर उसका भी आनंद लेना चाहिये। हर धर्म अच्छा रास्ता दिखाता है, सिर्फ समझाने की शैली में फर्क होता है। अगर असहयोग होगा तो लड़ाई-झगड़ा तथा मार-काट होगी। तब सब दुःख, कष्ट, घबराहट और परेशानी में रहेंगे। दोस्ती, रिश्तेदारी, बिरादरी और पड़ोसी, ये सब सहयोग से ही कायम रखे जा सकते हैं। अनेकता में एकता ही अनुकूलीकरण है।

23 सत्य और झूठ

सांच बराबर तप नहीं, झूठ बराबर पाप।
जाके हिरदे सांच है, ताके हिरदे आप ॥

–संत कबीर

अर्थात् इस संसार में सत्य का पालन करने के समान दूसरी कोई तप-साधना नहीं है और झूठ के समान कोई पाप नहीं है। जिसके हृदय में सत्य भाव स्थित है, वहां सत्य स्वरूप परमात्मा स्वयं विराजमान रहते हैं।

सांचे को सांचा मिले, अधिक बढ़े स्नेह।
झूठे को सांचा मिले, तड़ दे टूटे स्नेह ॥

–संत कबीर

इस संसार में सत्य आचरण करने वाले को जब सत्य आचरण करने वाला व्यक्ति मिलता है, तो उनमें बहुत अधिक प्रेम भाव की वृद्धि हो जाती है, परन्तु जब झूठे को सच्चा मनुष्य मिलता है, तो प्रेम शीघ्र ही टूट जाता है।

कंचन केवल हरि भजन, दूजा कांच कथीर।
झूठा आल जंजाल तजि, पकड़ा सांच कबीर ॥

–संत कबीर

इस संसार में स्वर्ण के समान तो केवल परमात्मा का ध्यान-भजन ही है, बाकी सब कांच के समान निरर्थक है। कबीर कहते हैं कि इस संसार के सभी मिथ्या मोह-जंजाल, आडंबर आदि को छोड़कर केवल सत्य को धारण करो।

सांच कहूं तो मारी है, झूठे जग पतिताय।
यह जग काली कूतरी, जो छेड़े तो खाय॥

–संत कबीर

अर्थात् यदि मैं सत्य वचन कहता हूं तो लोग मारने दौड़ते हैं और झूठ में विश्वास करते हैं तो यह संसार फाड़ खाने वाली कुतिया के समान है, जो इसे छोड़ता है, यह उसे ही काट खाती है। असत्य से भटके हुए लोग, सत्य से भय खाकर ही ऐसा करते हैं।

सत्य ज्ञान ही आत्मज्ञान है। इसके समान कोई तपस्या नहीं है। सत्य आचरण करने वाले व्यक्ति के हृदय में स्वयं सत्य स्वरूप परमात्मा का ज्ञान प्रकाश होता है। आत्मकल्याण के लिए मन, वचन और कर्म से जिस ज्ञान का पालन किया जाता है, वह सत्य है। जो अपने अनुभव से सिद्ध हो, उसे मन में धारण करना, जैसा देखा-सुना या पढ़ा हो, उसका वैसा ही वाणी में प्रयोग करना, सत्य है। प्रत्येक व्यक्ति को यह ध्यान रखना चाहिये कि उसके सत्य से किसी को ठेस न पहुंचे तथा ईर्ष्या-हिंसा आदि दोष उत्पन्न न हो। मन से सत्य का शोधन कर सबको प्रिय लगने वाला सत्य बोलना चाहिये तथा सबको शुद्ध प्रदान करने वाले सद्कर्म ही करना चाहिये। बहुत से लोग लौकिक मोह अज्ञान में फंसे रहकर सत्य से दूर भागते हैं तथा जो सत्य का आचरण करता है, उसे मारने दौड़ते हैं। अज्ञानी लोग सत्य पालन करने से डरते हैं तथा इससे भय खाते हैं।

सत्य के बारे में और भी स्वामी, संतों ने अपने-अपने विचार लिखे या कहे हैं, जिनको संग्रह कर मैं नीचे लिख रहा हूं।

स्वामी विवेकानंद कहते हैं–

– सत्य की हमेशा जीत होती है।
– सत्य नित्य और अनंत होता है।
– सत्य को हम नहीं जान सकते, जब तक हममें स्वार्थ है।
– सत्य अपने आपमें पूर्ण होता है, इसे सिद्ध करने के लिए कोई सहारे की जरूरत नहीं होती है।
– सत्य का फैसला सत्य ही कर सकता है और कोई नहीं।
– अज्ञान और धर्मान्धता सत्य को नष्ट नहीं कर सकते।
– सत्य पक्षपाती नहीं हो सकता, यह सबके लिए अच्छा होता है।
– सत्य के लिए सब चीज का बलिदान किया जा सकता है, लेकिन सत्य को किसी भी चीज के लिए बलिदान नहीं किया जा सकता।

- लंबे समय बाद सब सत्य जान जाएंगे।
- जहां वासना और लोभ निवास करता है, वहां सत्य कभी नहीं आ सकता है।
- सत्य पवित्रता है, सत्य ही ज्ञान है।

स्वामी शिवानंद कहते हैं–

- सत्य को झूठ द्वारा नहीं हराया जा सकता है।
- सत्य सरल होता है।
- सत्य के बराबर कोई प्रायश्चित नहीं होता है।
- सत्य सृष्टि को बनाता है और सत्य ही सारे ब्रह्मांड को कायम रखता है।
- न्याय, अहिंसा, दान, पवित्रता, क्षमा, समता, शांति–ये सत्य के रूप हैं।
- निष्पक्षता, आत्म-नियंत्रण, नम्रता, सहनशीलता, अच्छाई, त्याग, ध्यान, प्रेम–ये भी सत्य के रूप हैं।

राजा हरिश्चंद्र सत्य में स्थापित थे, उन्होंने अपना जीवन सत्य के लिए खतरे में डाला और अमरता एवं पूर्ण आनंद प्राप्त किया।

झूठ के बारे में कबीर कहते हैं–

झूठ बात नहीं बोलिए, जब लग पार बसाय।
अहो कबीरा सांच गहु, आवागवन नसाय॥

–संत कबीर

जब तक अपने अंदर सामर्थ्य रहे, तब तक जानबूझकर झूठ नहीं बोलना चाहिये। कबीर कहते हैं कि हे जीव! सत्य को ग्रहण कर, तभी तेरे जन्म-मरण के सभी संकट दूर होंगे, अर्थात् तभी तू सांसारिक बंधनों से मुक्ति प्राप्त कर सकेगा।

स्वामी शिवानंद कहते हैं–

- झूठ के पांव नहीं होते, जिस पर यह खड़ा हो सके।
- झूठ विश्वास को कमजोर कर देता है।
- झूठ बोलने वाले का मन शांत नहीं रह सकता, क्योंकि सत्य का पता लगने का डर उसके मन को परेशान रखता है।
- झूठ बोल के हम अपने विवेक को दूषित करते हैं।
- एक झूठ पर विश्वास करवाने के लिए कितने ही झूठ बोलने पड़ते हैं, फिर भी संदेह बना रहता है।

– झूठ बदलता रहता है, लेकिन सत्य कभी नहीं बदलता।
– झूठ सत्य की छाया है।
– झूठ बोलने की आदत को न खत्म किया गया, तो अगले जन्म में भी यह आदत बनी रहती है तथा व्यक्ति जन्मों-जन्मों तक कष्ट भोगता रहता है।

झूठ बोलने की आदत को मिटाने के लिए सत्य बोलने का अभ्यास करें। पहले उतना सत्य बोलने का अभ्यास करें, जितना बिना झूठ बोले काम चल सकता हो। फिर अभ्यास बढ़ाते जाएं और सत्य की ओर बढ़ते चलें। उसके बाद भी यदि झूठ कभी मुख से निकल जाता है, तो अपने को उपवास या व्रत लेकर दंड दें। धीरे-धीरे झूठ बोलने की आदत मिट जाएगी तथा आप सत्य में स्थापित हो जाएंगे।

24 निश्चलता और चंचलता

निश्चलता अटलता है। यह अचलता है, दृढ़ता है, स्थिरता है, एकनिष्ठा है। यह संकल्प या इरादा है। हम भिन्न-भिन्न चीजों में निश्चलता की बात करते हैं जैसे विश्वास में अटलता, किसी कार्य में कदम बढ़ाने की दृढ़ता, मन की निश्चलता, किसी कार्य करने के लिए आधार बनाने में स्थिरता।

निश्चलता व्यक्ति को बाधाओं को जीतने की शक्ति देती है। निश्चल व्यक्ति हर कार्य में सफल होता है। निश्चल व्यक्ति किसी चीज से घबराता नहीं, क्योंकि वह साहसी होता है। व्यक्ति को कष्ट में और परिश्रम करते वक्त निश्चल होना चाहिये तभी व्यक्ति सफल होता है और महानता प्राप्त कर सकता है। किसी भी कार्य के करने से पहले उसका आधार स्थिर करना सफलता की कुंजी है। निश्चलता मन की ऐसी शक्ति है, जो व्यक्ति में टिकाऊपन लाती है तथा प्रयत्न में निरंतर लगे रहने की शक्ति देती है।

निश्चलता बहुत अच्छा गुण है, लेकिन इसके साथ विवेक होना चाहिये अन्यथा यह उतावलापन या मूर्खता होगी। निश्चलता सही उद्देश्य के लिए ही होनी चाहिये। लगभग सभी लोग सही उद्देश्य के लिए ही निश्चय या अटल होते हैं।

प्रतिभा, निपुर्णता, क्षमता, योग्यता, शोभायुक्त व्याख्यान, सुंदर व्यवहार, बिना निश्चलता के प्रभावशाली नहीं हो सकती है।

चंचलता अनिश्चल और अस्थिर मन है। यह अनियमितता और विचलता है। एक चंचल मन हर क्षण झूलता और बदलता रहता है।

चंचलता अत्यधिक कामना से होती है। एक चंचल मन हमेशा इधर-उधर घूमता रहता है तथा कभी भी स्थिर नहीं रहता है। आप चंचल व्यक्ति पर भरोसा

नहीं कर सकते, क्योंकि वह संकल्प करता है और जल्दी ही उसे तोड़ देता है।

चंचल स्मरण शक्ति बुरी है, अस्थिर चाल-चलन बहुत बुरा है और अस्थिर हृदय या उद्देश्य सबसे बुरा है। एक चंचल व्यक्ति अपनी कोशिशों में हमेशा फेल हो जाता है। सफलता प्राप्त करना उसके लिए दुर्लभ होता है। तब वह रोता है और पश्चाताप करता है। चंचल और अस्थिर व्यक्ति की भावनाएं बिना कारण बदलती रहती हैं। वह अस्थिर समुद्र और बंदर की तरह चंचल होता है। वह मनमौजी तथा आधारहीन होता है।

चंचलता अत्यधिक राजसगुण अथवा अत्यधिक कामनायुक्त होने से होता है। चंचलता दूर करने के लिए व्यक्ति को राजस हटाकर सत्वगुण को बढ़ाना चाहिये। चंचलता दूर करने के लिए अपने में समता और पवित्रता का गुण लाना होगा। चंचलता को दूर करने के लिए इसके विपरीत गुण अपनाने चाहिये जैसे दृढ़ता, अटलता, स्थिरता, एकनिष्ठता, अविचलता, नियमितता और पक्का इरादा।

चंचलता योग की त्राटक क्रिया से, प्राणायाम से, धारणा एवं ध्यान से मिट जाता है। इसके साथ जप, भजन-कीर्तन और स्वाध्याय करना व्यक्ति को बिल्कुल निश्चल बना देगा।

25

मौन और बकवास

बालू जैसी किरकिरी, ऊजल जैसी धूप।
ऐसी मीठी कछु नहीं, जैसी मीठी चूप॥
–संत कबीर

अर्थात् बालू के समान किसी अन्य वस्तु में इतनी किरकिराहट नहीं होती, धूप के समान उज्ज्वल प्रकाश भी नहीं है। मीठी कोई वस्तु भी नहीं है, जितना मीठा चुप रहना है। अर्थात् शांत और मौन रहना महान तप है, जिसका साधु-संत पालन करते हैं।

मौन चुप-चाप रहने की अवस्था है। मौन के और भी रूप हैं–जैसे खामोशी, नीरवता, शांति, निःशब्द, आदि। सामान्य जीवन में अपनी वाणी से केवल उतना ही बोलना जितना निहायत जरूरी हो, सबसे अधिक मौन कहलाता है।

चुपचाप रहना अच्छा है, क्योंकि इससे शक्ति नष्ट नहीं होती। इच्छाओं और कामनाओं का चुपचाप रहना बहुत अच्छा है, क्योंकि इससे मन शांत रहता है। विचारों का चुपचाप रहना सबसे ही अच्छा है, क्योंकि इससे समाधि तथा आत्म साक्षात्कार मिलता है।

मौन आपके मन और शरीर की शक्ति को नष्ट नहीं होने देता और आपको ताजगी देता है। मौन रहना बोलने से अच्छा है। मौन एक बातूनी व्यक्ति के लिए मृत्यु के समान है, लेकिन एक मुनि या साधक के लिए अमृत के समान है।

मौन मन का आराम है, क्योंकि मन के सारे विचार शांत हो जाते हैं। मौन बहुत ही बड़ा गुण है, क्योंकि यह विवाद, झगड़े व अनावश्यक बहस से बचाता है तथा पाप होने से रोकता है।

जब आप मौन रहने की शपथ लें, तो मन में बार-बार न कहें कि 'मैं चुप रहूंगा' ऐसा करने से दिमाग गरम होगा, क्योंकि मन प्रतिक्रिया में आपसे बदला लेना चाहता है। सिर्फ प्रतिज्ञा कर मौन रह जाएं।

जब आप मौन रहें, तो अपने में भगवान को खोजें, हमारे शरीर में सारी क्रियाएं भगवान द्वारा की जाती हैं। ऐसी समझ या अंतर्परीक्षण या अंतर्दर्शन, मौन रहने की प्रेरणा देगा।

जबरन चुप रहना मन के साथ कुश्ती है। जब आप सत्य बोलना शुरू करेंगे तो आपका बोलना अपने आप कम हो जाएगा। सत्य में स्थापित होने पर व्यक्ति मौनी हो जाता है तथा जरूरत से अधिक एक शब्द भी नहीं बोलता। यह स्वाभाविक मौन या मन की नग्नता है।

बकवास– हमेशा बोलते रहना है तथा नाना प्रकार की विविध या मिश्रित बातें करना है। यह मौन का अभाव है।

कबीर बकवास पर कहते हैं–

वाद विवादे विष घना, बोले बहुत उपाध।
मौनि गहै सबकी सहै, सुमिरै नाम अगाध॥

–संत कबीर

वाद-विवाद में बहुत कष्ट है जो विष के समान है, क्योंकि कितनों की भावनाओं पर प्रहार हो जाता है तथा बहुतों के अहं को चोट पहुंच सकती है। जिसके फलस्वरूप व्यक्ति एक-दूसरे का दुश्मन बन सकता है और उपद्रव, हो-हल्ला या अशांति हो सकती है। मौनी व्यक्ति सबकी सुन लेता है, सह लेता है और गुरु का दिया हुआ शब्द स्मरण करता है तथा वाद-विवाद से दूर रहता है।

रहीम भी बकवास पर कहते हैं–

रहिमन जिह्वा बावरी, कह गई सरग पताल।
कह के वह भीतर गई, जूती खात कपाल॥

–रहीम

जीभ इतनी पागल है कि कुछ भी यहां-वहां की, बिना सिर-पैर की बात कह देती है। सब कुछ कह के वह भीतर चली जाती है, परंतु जूतियां सिर पर पड़ती है। अर्थात् अगर मनुष्य अपनी जुबान पर नियंत्रण न करे, तो उसे दंड मिलता है।

अधिक बोलना बुरी आदत है, क्योंकि यह मन को बहिर्मुखी बनाता है, ध्यान भंग करता है और शक्ति को नष्ट करता है। बहस करना अर्थहीन है। हर एक व्यक्ति के अपने-अपने मत होते हैं, विचार होते हैं, भावनाएं होती हैं, विश्वास होता है। इसलिए दूसरों का दृष्टिकोण बदलना आसान नहीं होता। अगर किसी विषय पर राय पूछी जाती है, तो अपनी राय स्पष्ट रूप में बता दें तथा बहस न करें। एक मुहावरा है–जब आपको कुछ नहीं कहना है, तो मौन रहें। सत्य बोलना शुरू करें। सत्य बोलने का अभ्यास आपको वाद-विवाद से दूर कर देगा।

निंदा करने या पीठ पीछे बोलने से बहुत बातें बनती हैं। इसका मूल कारण ईर्ष्या है। ईर्ष्या करने वाले को निंदा करने या पीठ पीछे बोलने में मजा आता है। जिस व्यक्ति के बारे में यह बोला जाता है उसे नुकसान होता है, लेकिन उससे अधिक नुकसान उस ईर्ष्या करने वाले का होता है, क्योंकि दूसरे को जलाने के लिए उसे खुद जलना पड़ता है। ईर्ष्यालु तथा निंदक व्यक्ति का मन हमेशा अशांत रहता है।

हमेशा शब्द बोलने से पहले सोच-समझ लेना चाहिये तथा वही बोलना चाहिये जो जरूरी हो अन्यथा तनाव पैदा हो जाएगा। दूसरे पर आपके कहे हुए शब्दों का क्या प्रभाव होगा यह समझने के बाद ही बोलना चाहिये। संत कबीर ने शब्दों के प्रयोग के बारे में जो कहा था कुछ इस प्रकार–

शब्द सम्हारे बोलिए, शब्द के हाथ न पांव।
एक शब्द औषधि करे, एक शब्द करे घाव॥

–संत कबीर

शब्दों को बहुत ही सोच-विचार कर बोलना चाहिये, क्योंकि शब्दों के हाथ-पांव नहीं होते, अर्थात् असावधानी से बोले हुए शब्द किसी भी ओर लुढ़क सकते हैं। जैसे एक मधुर शब्द तो सुखदायी औषधि के समान बन जाता है और वही शब्द कठोरता से बोलने पर घाव करने वाला अति दुःखदायी बन जाता है।

रामकृष्ण परमहंस कहते थे–मधुप तभी तक भिनभिनाता है, जब तक वह कमल पर बैठकर मधुपान नहीं करने लगता। मनुष्य तभी तक कुतर्क और विवाद करता है, जब तक उसे परमात्मा का साक्षात्कार नहीं होता।

26 संयम और असंयम

संयम संतुलित जीवन है। यह मध्यम मार्ग या बीच का रास्ता है। यह चरम सीमाओं से मुक्ति है अर्थात् यह अधिकता और शून्यता के बीच का रास्ता है। यह अपने आपको विवेकसंगत या न्यायपूर्ण सीमाओं के अंदर रखना है। संयम, मध्यम विचारधारा है, परिमितता है या नियमन है।

संयम विवेक के साथ होता है। वह अपने कार्यों में न्यायसंगत होता है। संयम जीवन में खुशी लाता है। संयमी व्यक्ति का स्वास्थ्य अच्छा होता है। सुंदर जीवन का आधार संयम है। हर एक को अपने जीवन में संयम का गुण लाना चाहिये। साधक के लिए तो यह गुण जरूरी है। बिना संयम के कोई योगी नहीं हो सकता। यह समचित्तता है। संयमी व्यक्ति में धीरज, धैर्य और शांति होती है।

नात्यश्नतस्तु योगोऽस्ति न चैकान्तमनश्नतः।
न चातिस्वप्नशीलस्य जाग्रतो नैव चार्जुन॥

–गीता (6/16)

युक्ताहारविहारस्य युक्तचेष्टस्य कर्मसु।
युक्तस्वप्नावबोधस्य योगो भवति दुःखहा॥

–गीता (6/17)

हे अर्जुन, यह संयमयोग है। यह न तो बहुत खाने वाले का सिद्ध होता है और न बिल्कुल खाने वाले का सिद्ध होता है, न बहुत सोने वाले का सिद्ध होता है और न सदा जागते रहने वाले का ही सिद्ध होता है। समुचित आहार-विहार करने वाले का, कर्मों में समुचित चेष्टा करने वाले का और समुचित सोने और जागने वाले का योग दुःखनाशक होता है।

सार–श्रीकृष्ण ध्यानयोग की सफलता के लिए आहार, निद्रा आदि नियमों का वर्णन करते हुए कहते हैं कि वह शरीर को स्वस्थ और मन को संयत रखता है तथा व खाने-पीने में, सोने-जागने में, कर्म की चेष्टाओं में, बोलने में तथा व्यवहार में सावधान एवं सतर्क रहता है, क्योंकि शरीर और मन के विषय में थोड़ी सी भी लापरवाही ध्यान-साधना में बाधक हो जाती है। भोजन प्राण रक्षा के लिए आवश्यक है, किंतु आवश्यक मात्रा से अधिक भोजन करने से मनुष्य आलसी तथा रोगी हो जाता है। इसी प्रकार भोजन का सर्वथा त्याग शरीर को दुर्बल एवं क्षीण तथा मन को अस्थिर कर देता है। शरीर के लिए आवश्यक पौष्टिक तत्त्वों से युक्त किंतु सरल और सात्विक भोजन करना उपयुक्त होता है। मनुष्य के लिए भोजन की भांति उचित मात्रा में निद्रा की भी आवश्यकता होती है। निद्रा की अवधि का अनुमान मनुष्य को स्वयं हो जाता है। निद्रा-सेवन से शरीर की थकान तथा मन की व्याकुलता दूर होती है। मात्रा से अधिक सोने वाला मनुष्य प्रगाढ़ निद्रा का अनुभव नहीं करता तथा स्वप्नों के जाल में फंसा रहता है। ध्यानयोग का साधक अनावश्यक कर्मों में समय और शक्ति का क्षय नहीं करता तथा व्यर्थ वाद-विवाद, वाणी की चपलता आदि का परित्याग कर देता है। उसके भीतर दिव्य आंतरिक प्रसन्नता होती है, जो उसे सजीव बनाए रखती है। वह ध्यान योग सिद्ध होने पर परमशांति प्राप्त कर लेता है तथा उसके दुःखों की निवृत्ति हो जाती है।

अति का भला न बोलना, अति की भली न चूप।
अति का भला न बरसना, अति की भली न धूप ॥

–संत कबीर

कबीर ने भी अपने मार्ग को मध्य मार्ग कहा है। यह न वैराग्य का मार्ग है, न भोगों में उलझने का, न संग्रह का मार्ग है और न त्याग का, न संसार को भोगने का मार्ग है, न संसार में लीन होने का। कबीर ने ऊपर दिए गए दोहे में इस मार्ग का इशारा दिया है। अभ्यासी के लिए त्याग और भोग दोनों ही प्रकार का जीवन हानिप्रद है। त्याग में मन को बलपूर्वक दबाने का प्रयास किया जाता है, जबकि भोग में खुली छूट दी जाती है।

महात्मा बुद्ध ने भोजन त्यागकर तप किया और अंत में कष्ट उठाकर यह अनुभव किया कि स्वस्थ मन, स्वस्थ शरीर में ही रह सकता है तथा उन्होंने सहसा उपवास छोड़कर लोक निंदा को साहसपूर्वक सहन किया। महात्मा बुद्ध मध्यम मार्ग का उपदेश देते थे तथा अतिवाद (अति अधिक एवं अति अल्प) के विरुद्ध थे।

गुरु नानकदेव कहते हैं कि मनुष्य को जल में कमल के समान रहना चाहिये तथा इस संसार में रहते हुए अपनी आत्मा को शब्द के साथ जोड़कर भवसागर पार कर लेना चाहिये। संत दादू इसी भाव को प्रकट करते हुए कहते हैं कि जो प्राणी घर और वन को एक समान समझते हुए गृहस्थ अवस्था में रहते हैं, वे ही सच्चे संत हैं।

दादू जिनि प्राणी करि जाणिया, घर बन एक समान।
घर माँहै बन ज्यूं रहै, सोई साधु सुजान॥

–संत दादू

जो पूर्णरूप से संयमी है, वह योगी है। वह हमेशा प्रसन्न रहता है। उसे अपनी क्षमता का ज्ञान होता है तथा हर कार्य को इस प्रकार करता है कि शरीर एवं मन पर असहनीय बोझ न पड़े और जरूरत पड़ने पर थोड़ा आराम कर अपने में ताजगी एवं स्फूर्ति ले लेता है। श्रम के अनुरूप विश्राम करना, श्रम के समान महत्त्वपूर्ण है।

असंयम असंतुलित जीवन है। यह अपने आपको विवेकसंगत या न्यायपूर्ण सीमाओं के अंदर न रख पाना है। यह भोग में खुली छूट है। यह अपने में नियंत्रण का अभाव है।

असंयमी व्यक्ति अपने को परेशानी में डाल लेता है। थोड़ी सी अवधि के सुख के लिए, लंबे समय तक दुःख भोगता है। विषय आदि जरूरत से अधिक भोगे जाएं तो उनमें छुपा हुआ दुःख बाहर फूट पड़ता है। शरीर में कितनी ही बीमारियां हो जाती हैं। बहुत अधिक खाना-पीना आपके पेट और निद्रा को गड़बड़ कर देगा। बहुत अधिक बोलना आपके मन को अशांत कर देगा। अधिक सहवास आपकी शक्ति को क्षीण कर देगा।

कुछ स्कूल में पढ़ने वाले लड़के या लड़कियां साल के 1-10 महीने तक मौज-मस्ती करते हैं तथा इम्तहान से एक महीने पहले रात-रात भर और दिन में अपनी क्षमता से भी अधिक पढ़ने लगते हैं। इसके फलस्वरूप वे बीमार पड़ जाते हैं। यह अच्छा नहीं है। विद्यार्थियों को नियमित तरीके से पढ़ना चाहिये तथा यह समझना चाहिये कि अधिकता हर विषय में नुकसान देती है। व्यक्ति चार दिन का खाना एक दिन में नहीं खा सकता, अगर ऐसा करेगा तो बीमार पड़ जाएगा। इसीलिए मध्यम रास्ता सबसे उत्तम है। हर विषय में अति का त्याग करना चाहिये। एक मुहावरा है–कम प्यार करो, प्यार लंबे समय तक चलेगा (Love Little, love long) संयम का अभ्यास असंयम को मिटा देगा।

27 स्वार्थ और परमार्थ

स्वारथ का सबको सगा, सारा ही जग जान।
बिन स्वारथ आदर करै, सो नर चतुर सुजान ॥
—संत कबीर

अर्थात् इस संसार में स्वार्थ के ही सब मित्र-संबंधी हैं और इस संसार में सब जगह स्वार्थ ही फैला हुआ है, परंतु जो बिना किसी स्वार्थ के सबका यथोचित मान-सम्मान करता है, वह श्रेष्ठ, बुद्धिमान व सज्जन मनुष्य होता है।

स्वारथ कूं स्वारथ मिले, पड़ि पड़ि लूंबा बूंब।
निस्प्रेही निरधार को, कोय न राखै झूंब ॥
—संत कबीर

अपने स्वार्थ को लेकर जब स्वार्थी लोग एक-दूसरे से मिलते हैं, तो वे आवश्यकता से अधिक प्रशंसा करते हैं। उनका मिलन खुशी से जमकर होता है, परंतु जो निष्कामी-आधारहीन सज्जन पुरुष हैं, उनका संसार के स्वार्थी लोग वचन से भी सम्मान नहीं करते।

स्वार्थ का इस जगत में सब जगह बोलबाला है। स्वार्थी व्यक्ति अपना ही सुख, अपना ही आराम, अपना ही फायदा चाहता है तथा दूसरों का तिरस्कार करता है। स्वार्थी अनुचित लाभ लेना चाहता है तथा वह दूसरों के अधिकारों का ध्यान नहीं करता।

संसार में लगभग सभी मनुष्य प्रायः विषय-भोगों में प्रवृत्त तथा स्वार्थी हैं। सभी जीवों के मन में माया के अंकुर होते ही हैं तथा वे प्रतिक्षण अपना हित सोचते रहते हैं। सभी महत्त्वाकांक्षी हैं और सभी में एक-दूसरे से आगे बढ़ने की होड़ लगी हुई है। प्रतिस्पर्धा के इस वातावरण में छल-कपट, लड़ाई-झगड़े और

अपने परायों के राग-द्वेष का होना स्वाभाविक है। सभी अंधकार में भटकते हुए आपस में बार-बार टकरा जाते हैं। मनुष्य को आवश्यकता से अधिक चाहिये, परंतु वह उतना मिलने पर भी संतुष्ट नहीं होता। जब सभी स्वार्थी हैं, तो एक-दूसरे की सहायता कैसे करेगा? जिसके पास अधिक संग्रह है उसकी चाह उतनी ही अधिक है, चाहे दूसरे भूखे-प्यासे मरें। सद्गुरु के दिशा-निर्देश ही अज्ञानता और अंधकार में भटकते हुए ऐसे भ्रमित लोगों को स्वार्थ से मुक्त करा सकते हैं।

पद, प्रतिष्ठा, पुत्र, पैसा और पति व पत्नी, ये पांच स्वार्थ के कारण होते है, तथा आत्मस्वरूप को भुलाने वाले होते हैं। मनुष्य इन्हीं पांचों में भटकता रहता है और सारा जीवन इन्हें प्राप्त करने तथा टिकाए रहने के पचड़े में पड़ा रहता है। इन पांचों से जो तनाव उत्पन्न होता है, उसे झेलता रहता है। स्वार्थ से बड़ा अवगुण कोई नहीं हो सकता, क्योंकि सारे झगड़े और पापों का कारण यही होता है। यह शांति और संतोष का दुश्मन है। जब तक स्वार्थ रहेगा, तब तक उदारता और प्रेम का गुण नहीं आ सकता है।

यदि आप आत्मकेंद्रित (अपने आप तक सीमित) हैं और दूसरों का विचार न कर अपने व्यक्तिगत हितों का ही चिंतन करते हैं, आप अपना दम घोंट रहे हैं तथा क्लेश और दुःख के मार्ग का निर्माण कर रहे हैं। यदि आप दूसरों की सहायता नहीं करते, तो आपकी सहायता भी कोई नहीं करेगा, इसलिए आप अकेले और अलग पड़ सकते हैं। आप चिड़चिड़े और रुग्ण भी हो सकते हैं तथा अपनी शांति को ध्वस्त कर सकते हैं। यथासंभव उदारचरित बनें, यदि आप स्वस्थ और सुखी रहना चाहते हैं। प्रेम, उदारता और त्याग के पाठ का प्रारंभ, परिवारमंडल और पड़ोस से कीजिए। आप स्वयं को जितना विस्तृत करेंगे, उतना ही सुखमय होंगे तथा जीवन के उद्देश्य और अर्थ को समझ सकेंगे। वास्तव में धीरे-धीरे अहंकार का शुद्धिकरण या निर्मलीकरण ही मनुष्य को उदार, करुणामय और ठीक अर्थ में मानवीय बना सकता है।

परमारथ पाको रतन, कबहुं न दीजै पीठ।
स्वारथ सेमल फूल है, कली अपूठी पीठ॥

–संत कबीर

जिससे सबको सुख प्राप्त हो, ऐसे परमार्थ को पक्का रत्न समझो। यह अनमोल है और इससे कभी भी पीठ न फेरो। स्वार्थ तो सेमल के फूल के समान सुंदर होता है, परंतु उसमें सुगंध नहीं होता और उसकी कली भी उलटी ओर खिलती है।

परमार्थ का अर्थ–परम अर्थ अर्थात् परम प्रयोजन। दुःख निवृत्ति एवं सत्य स्वरूप की प्राप्ति ही परम प्रयोजन या परमार्थ है। मनुष्य योनि अन्य सभी योनियों में श्रेष्ठ है। जो मनुष्य योनि में जन्म लेकर मानव धर्म का परिपालन नहीं करता, वह पशु के समान होता है। इन दोनों योनियों में विशेष अंतर ज्ञान बोध का ही है। मनुष्य वही है, जो बोधपूर्वक कर्म कर्तव्यों का पालन करते हुए परमार्थिक जीवन व्यतीत करता है। परमार्थी व्यक्ति स्वार्थरहित होकर सबका परोपकार करता है। परमार्थ का ज्ञान सबसे उत्तम ज्ञान है। बिना इसके सारे दूसरे ज्ञान तिनके के समान हैं। परमार्थ का मार्ग व्यक्ति को सद्गुरु तक पहुंचा देता है।

प्रीत रीत सब अर्थ की, परमारथ की नाहिं।
कहैं कबीर परमारथी, बिरला कोई कलि माहिं॥

–संत कबीर

इस जगत में जितनी भी प्रीत की रीत है, सब धन से, स्वार्थ से जुड़ी हुई है। परमार्थ से इसका कोई संबंध नहीं है। कबीर कहते हैं कि आज के इस कलि काल (भौतिक युग) में बिरला ही कोई परमार्थी पुरुष होगा, जो स्वार्थ और माया-मोह के बंधन में न फंसा हुआ हो।

धन रहै न जोबन रहै, रहै न गांव न ठांव।
कबीर जग में जस रहै, करिदे किसी का काम॥

–संत कबीर

अंत काल में हमारे पास न तो धन रहेगा, न ही यह यौवन, न ही अपना यह गांव और न अपने रहने का स्थान, अर्थात् हमारे पास कुछ नहीं होगा। इसलिए कबीर कहते हैं कि इस जगत में केवल शुभ कर्म रूपी यश रहेगा, अतः सदैव परमार्थ के सत्कर्मों में रत रहना चाहिये।

मरूं पर मांगूं नहीं, अपने तन के काज।
परमारथ के कारनै, मोहि न आवै लाज॥

–संत कबीर

अपने तन और जीवन निर्वाह के लिए मैं चाहे मर जाऊं, परंतु कभी भी किसी से कुछ नहीं मांगूंगा। लेकिन परमार्थ के कारण मांगने में मुझे किसी भी प्रकार की लाज नहीं आती। किसी भी रूप में मुझे न तो कोई भय है, न संदेह और न ही कोई लज्जा है, अर्थात् जिस किसी उपाय से परमार्थ हो सकता है, वह मैं अवश्य ही करूंगा।

28 भलाई और बुराई

बुरा जो देखन मैं चला, बुरा न मिलिया कोय।
जो मन ढूंढ़ा आपना, मुझसा बुरा न कोय॥

–संत कबीर

अर्थात् मैं बुरे व्यक्ति की तलाश में निकला तो मुझे कोई बुरा न मिला, परंतु जब मैंने अपने मन की गहराइयों में झांका तो लगा कि मुझसे बुरा तो कोई है ही नहीं। इस संसार में हर कोई अहंकारवश अपनी बुद्धि के अनुसार अपने आपको अच्छा ही समझता है, परंतु विनम्र भाव से जो स्वयं का निरीक्षण करता है, उसे अपनी बुराई स्वयं ही दिखाई दे जाती है।

करे बुराई सुख चहै, कैसे पावै कोय।
बोए पेड़ बबूल का, आम कहां ते होय॥

–संत कबीर

बुरा काम करके सुख की चाह करना बिल्कुल निरर्थक है। बबूल का वृक्ष लगाकर, उस पर आम जैसा मीठा फल कैसे मिल सकता है।

भलाई के बिना मनुष्य सुगंधिहीन पुष्प की भांति है। यद्यपि भलाई के अंतर्गत अनेक गुण होते हैं, पर इसमें त्याग, सहायता और उदारता की भावना विशेष होती है। एक भला व्यक्ति घृणा से दूर रहता है तथा स्वभाव में क्षमाशील होता है। किंतु भलाई तभी सार्थक है, जब मनुष्य भला होने में सुख का अनुभव करता है, दूसरों को प्रभावित करने और एहसान करने का उद्देश्य नहीं रखता हो तथा भलाई से शांति, आत्मसंतोष और आंतरिक उल्लास प्राप्त करता हो, अन्यथा वह मात्र कष्टप्रद दिखावा ही रहता है। यही बताते हुए स्वामी शिवानंद जी कहते हैं कि भलाई आपके मन को इतना भर दे कि अभद्र विचारों को उसमें स्थान

न मिले। भलाई मन को शुद्ध, निर्मल, परिष्कृत और उन्नत कर देती है तथा धीरे-धीरे उसका दिव्यीकरण कर देती है। जब भलाई एक आदत बन जाती है, तो मनुष्य बहिर्जगत में किसी पुरस्कार की आशा नहीं करता तथा परमात्मा का, जो सब प्रकार से कल्याणकर्ता है, यंत्र बनकर कर्म करता है।

भलाई के बारे में और भी महान व्यक्तियों ने अपने-अपने विचार लिखे या कहे हैं, जिन्हें संग्रह कर मैं नीचे लिख रहा हूं।

स्वामी विवेकानंद कहते हैं–

– पवित्र व्यक्ति से मिलने से भला होता है।
– दूसरों का भला करने से ही अपना भला होता है।
– कष्ट सहकर भी दूसरों का भला करना अच्छा है।
– बीमारी और दुर्भाग्य आते हैं, इससे भविष्य में अच्छा होगा।
– जब तक द्वेष, ईर्ष्या और अहंकार है तब तक आने वाले दिनों में कुछ अच्छा नहीं है।
– आत्म साक्षात्कार सबसे बड़ी भलाई है।
– निराश व्यक्ति को आशा और साहस देना भलाई है।

भलाई सत्य के नजदीक है, लेकिन सत्य नहीं है। हमें बुराई से घबराना नहीं चाहिये तथा भलाई से खुश नहीं होना चाहिये। हमें यह पता लगाना चाहिये कि हम भलाई और बुराई से परे हैं, और इन दोनों का समाधान या समायोजन करना चाहिये तथा यह देखना चाहिये कि दोनों जरूरी है। जो आपके लिए अच्छा है, वह दूसरों के लिए अच्छा नहीं भी हो सकता।

वास्तव में भलाई और बुराई एक ही सिक्के के दो पहलू हैं। ये माया से उत्पन्न होते हैं तथा मनुष्य को इस दुनिया से बांधते हैं। हमें इनसे ऊपर उठना चाहिये। मान लीजिए बुराई का कांटा आपके पैर में चुभ गया, उसे भलाई की सुई से निकालें और फिर दोनों को फेंक दें, क्योंकि दोनों ही कांटे हैं। दूसरे शब्दों में अपने में तमोगुण को हटाने के लिए सत्त्वगुण लाएं और फिर सत्त्वगुण को भी हटाकर निर्गुण बन जाएं। सत्वगुण भलाई का प्रतीक है, जो मनुष्य को अभिमान से बांधता है। अभिमान का मतलब मैंने भला किया या पुण्य किया है।

स्वामी शिवानंद भलाई के बारे में कहते हैं–

– भलाई की बुराई पर जीत होती है।
– भलाई बहुत बड़ा गुण है तथा इससे मनुष्य देवता बन जाता है।
– भलाई करना प्रेम की क्रिया है।
– सत्संग से मनुष्य भला बनता है।

बुराई के बारे में महान व्यक्तियों ने अपने-अपने विचार लिखे या कहे हैं, जिन्हें संग्रह कर मैं नीचे लिख रहा हूं।

स्वामी विवेकानंद कहते हैं–

– बुराई तो होती है, इस तथ्य को स्वीकार करना चाहिये।
– बुराई के लिए हम सब जिम्मेदार हैं।
– कोई भी ऐसी चीज नहीं है, जो पूर्ण रूप से बुरी है।
– बुराई को बुराई से नहीं हटाया जा सकता, इसका इलाज केवल परमार्थ है।
– 'मैं और मेरा' बुराई की जड़ है।
– अगर मेरे में बुराई नहीं है, तो मैं बुरा नहीं देख सकता ।
– दूसरों की आशा और साहस को नष्ट करना बुराई है।
– बुरा करने से हम अपने को और दूसरों को कष्ट पहुंचाते हैं।

स्वामी शिवानंद कहते हैं–

– पैसा और कामवासना की लालसा बुरी है।
– बुरे लोगों का साथ आपके मन को बुरे विचारों से भर देगा। जब मनुष्य जो मन में आए वह करे तथा आत्मनिरीक्षण और आत्म नियंत्रण न करे तो बुरा होता है।
– अपने में बुराई दूर करने के लिए सत्संग, जप एवं कीर्तन करना चाहिये तथा अच्छे लोगों, महात्माओं, स्वामियों और संतों के साथ रहना चाहिये। इससे आपकी बुराइयां दूर हो जाएंगी और आप भले व्यक्ति बन जाएंगे।

संत कबीर कहते हैं कि जो एक के लिए अच्छा है वही दूसरे के लिए बुरा है, जैसे धूप और छांव है, वैसे ही अच्छा और बुरा है। हमें दोनों को स्वीकार करना चाहिये।

मांगन को भल बोलनो, चोरन को भल चूप।
माली को भल बरसनों, धोबी को भल धूप ॥

–संत कबीर

भिक्षा मांगने वालों के लिए बोलना अच्छा है, क्योंकि इसी से उनका कार्य सिद्ध होता है। चोरों के लिए चुप रहना अच्छा है, अन्यथा उन्हें पकड़े जाने का भय रहता है। माली के लिए वर्षा अच्छी होती है, ताकि बाग-बगीचों को अच्छी तरह पानी मिले तथा धोबी के लिए धूप अच्छी है, जिससे कि कपड़े सूख जाएं।

संत कबीर कहते हैं कि जैसी करनी वैसी भरनी–

जो तोको कांटा बुवै, ताहि बुवै तू फूल।
तेहि फूल को फूल हैं, वाको है–तिरशूल॥

–संत कबीर

जो तुम्हारे लिए कांटे बोता है, तुम उसके लिए फूल बोओ। तुम्हारे तो फूल, फूल हैं, अतः उनका परिणाम तुम्हें फूलों के समान ही शुभ मिलेगा, परंतु उसके कांटे हैं, अतः उनका फल भी उसे कांटों के समान ही मिलेगा, अर्थात् चाहे तुम्हारे लिए कोई कितना भी बुरा करे, परंतु तुम उसके साथ अच्छा ही व्यवहार करो।

दुरबल को न सताइए, जाकी मोटी हाय।
बिना जीव की सांस से, लोह भस्म ह्वै जाय॥

–संत कबीर

कभी भी किसी दुर्बल या कमजोर जीव को न सताओ, क्योंकि उसकी दुःख-भरी 'हाय' उसी प्रकार नाश कर देती है, जिस प्रकार निर्जीव चाम की धौंकनी अपनी श्वांस से लोहे जैसे कठोर पदार्थ को भस्म कर देती है।

कबीर आप ठगाइए, और न ठगिए कोय।
आप ठगे सुख ऊपजै, और ठगे दुख होय॥

–संत कबीर

इस संसार में अपने आप को ठगा दो। अपनी हानि हो जाए, कोई बात नहीं, परंतु आप दूसरों को न ठगें। अपने आप को ठगाया हुआ कल आपको सुख देगा, लेकिन दूसरों को ठगने से वह आपको भविष्य में हानि पहुंचाएगा। निम्नलिखित कहानी भलाई और बुराई के संदर्भ में महाभारत से ली गई है।

दुर्योधन और युधिष्ठिर

एक बार द्रोणाचार्य के शिष्यों ने द्रोणाचार्य से पूछा कि ऐसा क्यों कि युधिष्ठिर को विनम्र और भला व्यक्ति माना जाता है, जबकि दुर्योधन को घमंडी और बुरा व्यक्ति माना जाता है। द्रोणाचार्य ने कहा, "ऐसी मान्यता बिना आधार के नहीं होती, मैं यह सिद्ध करके दिखा सकता हूं।" द्रोणाचार्य ने दुर्योधन को बुलाया और कहा, "आप कोई भले आदमी का पता लगाओ।" दुर्योधन भला आदमी

ढूंढ़ने निकल पड़ा। फिर द्रोणाचार्य ने युधिष्ठिर को बुलाया और कहा, "आप कोई बुरे आदमी का पता लगाओ।" युधिष्ठिर भी बुरा आदमी ढूंढ़ने निकल पड़ा। दुर्योधन इधर-उधर बहुत घूमा और अगले दिन आया। उसने द्रोणाचार्य से बोला, "गुरु जी, मैं इधर-उधर बहुत घूमा किंतु मुझे एक भी भला आदमी नहीं मिला तथा मैंने जहां-तहां बुरे लोग ही देखे।" तब द्रोणाचार्य जी ने कहा, "तुम बहुत थक गए होगे, घर जाओ और आराम करो।" युधिष्ठिर भी इधर-उधर बहुत घूमा और अगले दिन आया। उसने द्रोणाचार्य से बोला, "गुरुजी, मैं इधर-उधर बहुत घूमा, किंतु मुझे एक भी बुरा आदमी नहीं मिला, मैंने जहां-तहां अच्छे लोग ही देखे।" तब द्रोणाचार्य ने कहा, 'तुम बहुत थक गए होगे, घर जाओ और आराम करो।"

जब दुर्योधन और युधिष्ठिर घर चले गए तब शिष्यों ने द्रोणाचार्य से कहा, "गुरु जी, दुर्योधन और युधिष्ठिर दोनों अलग-अलग बात कह रहे हैं, ऐसा कैसे हो सकता है? हम समझ नहीं पा रहे हैं, इन दोनों में सही कौन है?

तब द्रोणाचार्य जी ने शिष्यों को समझाया कि जो व्यक्ति अंदर जैसा होता है वैसा ही वह बाहर देखता है। युधिष्ठिर अंदर से भला है, इसलिए उसे सबमें भलाई के गुण दिखते हैं, जबकि दुर्योधन को लोगों में बुराई के अवगुण दिखते हैं। जिस व्यक्ति को पीलिया का रोग हो जाता है, उसे सब पीला ही नजर आता है, जैसी बुद्धि वैसी सृष्टि।

29 सत्संग और कुसंग

संगति के प्रभाव से व्यक्ति में शुभ या अशुभ संस्कार आते हैं। यह प्रभाव जीवन के प्रत्येक क्षेत्र में पड़ता है, चाहे वे सामाजिक हों या आध्यात्मिक। व्यक्ति जैसी संगति में रहता है, उसके व्यक्तित्व पर उसकी वैसी ही छाप पड़ जाती है।

सत्संग का सदैव अच्छा ही प्रभाव पड़ता है। सत्संग से बुरा व्यक्ति भी अच्छा बन जाता है। सत्संग से मन सकारात्मक सोच से भर जाता है। उदाहरण के लिए चंदन की संगति में रहकर नीम अपनी कड़वाहट त्याग देती है। वह चंदन की गंध को पाकर मीठी हो जाती है। कबीर ने नीचे दोहों में सत्संग के प्रभाव के बारे में कहा है–

संत समागम परम सुख, जान अल्प सुख और।
मान सरोवर हंस है, बगुला ठौर ठौर॥

–संत कबीर

अर्थात् साधु-संतों का सत्संग-मिलन परम सुख रूप है। इसके अतिरिक्त भौतिक जगत के सभी सुख इससे बहुत छोटे हैं। हंस मान सरोवर में ही मिलते हैं और बगुले इधर-उधर कहीं भी दिखाई पड़ जाते हैं।

संगत कीजै साधु की, कभी न निष्फल होय।
लोहा पारस परस ते, सो भी कंचन होय॥

–संत कबीर

साधु-संतों की संगत करो, वह कभी भी निष्फल नहीं हो सकती। जिस प्रकार पारस मणि के स्पर्श से लोहा स्वर्ण में बदल जाता है, उसी प्रकार संतों की संगति से दुर्जन भी सज्जन बन जाते हैं।

कबीर संगति साधु की, जो करी जाने कोय।
सकल बिरछ चंदन भये, बांस न चंदन होय॥

–संत कबीर

अर्थात् कबीर कहते हैं कि जो कोई साधु की संगत करता है, वही उसके गुण-महत्त्व को जानता है। चंदन वृक्ष के पास वाले वृक्ष भी चंदन की भांति सुगंध वाले हो जाते हैं, परंतु बांस का पेड़ चंदन सा सुगंधित नहीं होता, क्योंकि वह बीच में से पोला और ऊपर से कठोर होता है। इसी प्रकार जो अभिमानी लोग हैं, वे सत्संगत से नहीं सुधरते।

एक घड़ी आधी घड़ी, आधी में पुनि आध।
कबीर संगत साधु की, कटै कोटि अपराध॥

–संत कबीर

कबीर कहते हैं कि चाहे एक घड़ी हो, चाहे आधी घड़ी हो और चाहे आधी से भी आधी, अर्थात् चौथाई घड़ी ही हो, साधु-संतों का सत्संग अवश्य ही करना चाहिये। इससे करोड़ों अनजाने अपराध भी नष्ट हो जाते हैं।

मथुरा काशी द्वारिका, हरिद्वार जगन्नाथ।
साधु संगति हरिभजन बिन, कछु न आवै हाथ॥

–संत कबीर

चाहे मथुरा, काशी, द्वारिका चले जाओ अथवा हरिद्वार, जगन्नाथजी जाओ, सब धाम, तीर्थ आदि घूम आओ, परंतु जब तक साधु-संतों की सत्संगति प्राप्त नहीं करोगे और हरि-भजन (आत्म-चिंतन) नहीं करोगे, तब तक कुछ हाथ नहीं आने वाला, मन को शांति नहीं मिलने वाली।

कुसंग का सदैव बुरा ही प्रभाव पड़ता है। कुसंग से अच्छा व्यक्ति भी बुरा बन जाता है। इससे मन नकारात्मक विचारों से भर जाता है। जैसे झूठ बोलना, दूसरों की बुराई करना, दूसरों से घृणा करना, दूसरों से ईर्ष्या करना, दूसरों की पीठ पीछे निंदा करना आदि। कुसंग के विभिन्न रूप हैं, जैसे शराबियों के साथ रहना, बदमाशों के साथ रहना, केबल टी.वी. में कामुक प्रोग्राम देखना तथा बेतुके सीरियल देखना, ऐसे व्यक्तियों के साथ रहना जो बात-बात पर गाली का शब्द

इस्तेमाल करना साधारण समझते हों, सस्ते नॉवल पढ़ना, नशीले पदार्थों का सेवन करने वाले व्यक्तियों के साथ रहना इत्यादि।

कबीर ने नीचे लिखे दोहों में कुसंग के प्रभाव के बारे में कहा है।

कबीर कुसंग न कीजिए, पाथर जल न तिराय।
कदली सीप भुजंग मुख, एक बूंद तिर भाय ॥

–संत कबीर

कबीर कहते हैं कि कभी भी कुसंगति नहीं करनी चाहिये। जिस प्रकार पत्थर पर बैठकर नदी पार नहीं कर सकते, वैसे ही कुसंगति से भला नहीं हो सकता। स्वाति नक्षत्र की बूंद केले पर पड़ने से कपूर, सीपी में पड़ने से मोती और सर्प के मुख में पड़ने से विष हो जाती है, अर्थात् संगति के अनुसार बूंद परिवर्तित हो जाती है।

भुवंगम बास न बेधई, चंदन दो न लाय।
सब अंग तो विष सों भरा, अमृत कहां समाय ॥

–संत कबीर

सर्प चंदन के वृक्ष पर लिपटे रहते हैं, परंतु चंदन की सुगंध उनके अंगों में नहीं समाती, तो इसमें चंदन का भला क्या दोष है। इसी प्रकार सत्संगति में जाते रहने पर भी यदि किसी का सुधार नहीं होता, तो वह उसके अंदर के विषैले दोषों के कारण है। सत्संग का अनुसरण करके दोषों के एक-एक कर के हटाने पर ही सुधार हो सकता है।

जा घर गुरु की भक्ति नहीं, संत नहीं मिहमान।
ता घर जम डेरा दिया, जीवत भये मसान ॥

–संत कबीर

जिस घर में गुरु की भक्ति नहीं होती और संत जन अतिथि बनकर नहीं आते, अर्थात् न कभी संतों का सत्संग और न उनकी सेवा-पूजा होती हो, वह घर तो संकटों-व्याधियों से घिरा हुआ रहता है। समझो, वहां मृत्यु ने अपना डेरा डाल दिया है। वहां सबके जीते-जागते हुए भी श्मशान जैसा लगता है, वहां जीवन की सार्थकता कदापि नहीं हो सकती।

कबीर कलह अरु कल्पना, सत्संगति से जाय।
दुःख वासो भागा फिरे, सुख में रहै समाय॥

–संत कबीर

कबीर कहते हैं कि मन के सभी कलह, क्लेष और कल्पनाएं, सत्संगति से दूर हो जाती हैं, समाप्त हो जाती हैं। ऐसे में दुःख भी उससे भागा-भागा फिरता है और अंत में वह संतों की सत्संगति के सुख-सागर में समा जाता है।

ऊंचे कुल का जनमिया, करनी ऊंच न होय।
कनक कलश मद से भरा, साधुन निन्दा सोय॥

–संत कबीर

केवल ऊंचे कुल-परिवार में जन्म लेने से कोई बड़ा नहीं हो जाता, जब तक उसकी करनी (आचरण) अच्छी न हो। यदि सोने का कलश मदिरा से भरा हुआ हो, तो वह की साधु-संतों की दृष्टि से निंदनीय ही रहेगा, अतः हर किसी में सद्गुणों का ही महत्त्व है।

30 निंदा और प्रशंसा

निंदा के दो पक्ष होते हैं। एक पक्ष स्वस्थ आलोचना या निंदा, जो दूसरों की त्रुटियों को सुधारने के लिए किया जाता है तथा निंदक (जो निंदा करता है) निंद (जिसकी निंदा की जाती है) की कमियों को बताता है, जिसका उसे ध्यान नहीं रहता। व्यक्ति मन के विकारों जैसे काम, क्रोध, लोभ, मोह और मद के वशीभूत होकर ऐसे कार्य कर देता है, जो निंदा के लायक होते हैं। निंदक, निंद को ध्यान दिलाता है कि वह कहां गलती कर रहा है। इस अर्थ में निंदक उसका सहायक होता है। कबीर इस सहायक को अपने पास **'आंगन कुटी छवाय'** कर रखने का सुझाव देते हैं। उनके अनुसार ऐसे निंदक का सम्मान करना चाहिये क्योंकि यह अच्छे उद्देश्य के लिए करता है।

दूसरा पक्ष मलिन आलोचना या निंदा, जो दूसरों को नीचा दिखाने के लिए किया जाता है तथा निंदक, निंद से द्वेष या घृणा कर उसका अपमान करने के लिए कहता है या अप्रतिष्ठित होने के कारण करता है या आलोचना करने की आदत या स्वभाव बन जाने के अकारण निंदा करता है। ऐसे निंदक को कबीर ने 'नकटा' अर्थात् नाकरहित कहा है। ऐसा निंदक हजारों पापियों से भी बड़ा पापी होता है। वह जिसकी निंदा करता है, उसका पाप भी निंदक के माथे पर आ जाता है। निंदक दूसरों के पाप का बोझ ढोते हुए नरक में ही जाता है। निंदा का स्वाद लेने वाले भी भले नहीं होते। निंदक व्यक्ति अज्ञानी होता है, इसलिए अनुचित ही बोलता है। कबीर ऐसे निंदक को बेचारा या दया का पात्र मानते हैं। साधु-संत कैसी भी निंदा से दूर रहते हैं तथा उन्हें दूसरों में अच्छाइयां ही दिखती हैं। कबीर के अनुसार हमें दूसरों के दोषों को देखकर हंसना नहीं चाहिये, बल्कि प्रेम पूर्वक उन्हें समझाकर उनका सुधार करना चाहिये।

स्वस्थ आलोचना–खुले मन से और सकारात्मक दृष्टिकोण से स्वस्थ आलोचना करना बुद्धि को कुशाग्र (पैना) बना देता है तथा दृष्टि को विस्तृत कर देता है। यह रचनात्मक कार्य है। कदाचित् इसमें एक सौंदर्यात्मक पक्ष होता है तथा उसका उद्देश्य वस्तुओं को अधिक सुंदर दिखने वाला बना देना होता है। मनुष्य स्वस्थ आलोचना के प्रत्येक अंश का रसास्वादन कर सकता है, क्योंकि इसमें द्वेष का विष नहीं होता है। स्वस्थ आलोचना का उद्देश्य विषयवस्तु का समुचित मूल्यांकन तथा उसकी उत्तम व्याख्या करना होता है। स्वस्थ आलोचना या निंदा के संदर्भ में कबीर कहते हैं–

निंदक दूर न कीजिए, कीजै आदर मान।
निर्मल तन मन सब करै, बकै आन की आन॥

–संत कबीर

अपने निंदक को कभी दूर नहीं करना चाहिये, बल्कि उसका आदर-सत्कार करना चाहिये। वह आपके आचरण के विषय में उल्टा-सीधा, बक-बककर आपके तन, मन व वचन को शुद्ध करेगा।

निंदक मेरा जनि मरो, जीयो आदि जुगादि।
कबीर सतगुरु पाइए, निंदक के परसादि॥

–संत कबीर

हे मेरे निंदक! तुम मत मरो, बल्कि युग-युग तक जियो। हे मनुष्यो! तुम निंदक की कृपा से ही यथार्थ सद्गुरु को पा सकते हो।

निंदक नियरे राखिए, आंगन कुटी छवाय।
बिन पानी सबुन बिना, निरमल करे सुभाय॥

–संत कबीर

कबीर कहते हैं कि निंदक को अपने आंगन में मकान बनवाकर सदैव पास में रखें, क्योंकि वह बिना साबुन-पानी के ही आपका स्वभाव निर्मल करता रहेगा।

मलिन आलोचना या निंदा के संदर्भ में कबीर कहते हैं–

निंदक तो है नाक बिन, निसदिन विष्ठा खाय।
गुन छाड़ै अवगुन गहै, तिसका यही सुभाय॥

–संत कबीर

निंदक नाकरहित होता है, वह रात-दिन पराए लोगों के दोषरूपी मल को खाता है। वह लोगों के सद्गुणों को त्यागकर केवल दुर्गुणों को ही ग्रहण करता है, उसका यही स्वभाव बन जाता है।

निंदक एकहु मति मिलै, पापी मिलै हजार।
इस निंदक के शीश पर, लाख पाप का भार॥

–संत कबीर

संसार में अन्य प्रकार के चाहे हजारों पापी मिलें, परंतु एक भी पर-निंदक से भेंट न हो, क्योंकि एक पर-निंदक के शीश पर, लाखों पाप का बोझ रहता है।

निंदक से कुत्ता भला, हट कर माड़े रार।
कुत्ते से क्रोधी बुरा, गुरु दिलावै गार॥

–संत कबीर

निंदक से कुत्ता कहीं अच्छा है, जो दूर हटकर भौंकता रहता है। कुत्ते से ज्यादा क्रोधी निंदक बुरा है, क्योंकि वह गुरु को भी गाली दिलवाता है।

कबीर कहते हैं कि जो निंदा न करता हो ऐसा कोई विरला ही दिखाई देता है–

सातों सागर मैं फिरा, जंबू द्वीप दै पीठ।
पर निंदा नाहीं करे, सो कोई बिरला दीठ॥

–संत कबीर

जंबू द्वीप के आगे सातों समुद्रों से घिरी हुई सारी पृथ्वी पर मैं घुम चुका हूं, परंतु पराए लोगों की निंदा जो न करता हो, ऐसा कोई विरला ही दिखाई पड़ता है।

कबीर कहते हैं निंदा किसी की भी नहीं करनी चाहिए–

तिनका कबहुं न निंदिये, पांव तले जो होय।
कबहू उड़ि आंखों परै, पीर घनेरी होय॥

–संत कबीर

पैर के नीचे पड़े हुए तिनके की भी कभी निंदा नहीं करनी चाहिये। यदि वह उड़कर कभी आंख में पड़ जाए, तो वह बहुत पीड़ादायक होता है।

प्रशंसा के भी दो पक्ष होते हैं। एक पक्ष सच्ची प्रशंसा जिसमें गुणों की पहचान कराना होता है। सच्ची प्रशंसा स्फूर्तिदायक औषधि के समान होती है

तथा प्रोत्साहन देती है। यदि किसी अन्य मनुष्य से सहज भाव से ऐसी सच्ची प्रशंसा प्राप्त होती है, तो उसे विनम्रता से स्वीकार करना चाहिये। दूसरा पक्ष झूठी प्रशंसा या मिथ्या प्रशंसा जो चापलूसी या खुशामदी होती है, इसमें प्रशंसक तो मानो खाली चम्मच से ही पेट भर देना चाहता है। जब कोई व्यक्ति बहुत ही बढ़-चढ़कर प्रशंसा करता है, तो वह सीमातीत प्रतीत होने लगती है और एक उपहास (मजाक) बन जाती है। एक नदी जो तट का अतिक्रमण करके बहने लगती है, लाभ के स्थान पर हानि करने लगती है।

कुछ लोग आत्मप्रशंसा या आत्मस्तुति अर्थात् अपनी ही चापलूसी करते हैं। आत्मप्रशंसा में मग्न होना बच्चों का सा काम है। आत्मप्रशंसा मनुष्य की दूरदृष्टि को धूमिल कर देती है तथा आत्म-मुग्धता (स्वयं से आसक्ति) बुद्धिमान व्यक्ति को भी अंधा कर देती है। आत्मप्रशंसा दूसरों में विरुचि (विद्वेष) उत्पन्न कर देती है। मनुष्य को यह सौगंध लेने की क्या आवश्यकता है कि उसके हाथ में दीपक है, जबकि उसका प्रकाश चारों तरफ फैल रहा है। अपनी शक्तियों का उद्घोष किसी की प्रतिष्ठा और उसके सम्मान को बढ़ा नहीं देता। शांत जल गहरे होते हैं। पेड़ की टहनियों में जब फल लगते हैं, तो टहनियां झुक जाती हैं ताकि उसके फल को राहगीर आसानी से प्राप्त कर सकें। लेकिन अधिकांश मनुष्य थोड़ी सी प्रतिष्ठा पाने के बाद अधिक से अधिक मान, बड़ाई तथा कीर्ति-प्रशंसा पाना चाहते हैं। वह अर्जित प्रतिष्ठा का बखान भी बार-बार करते रहते हैं। ऐसा अभिमानी व्यक्ति दूसरों का कोई परोपकार नहीं कर सकता।

आपन को न सराहिए, और न कहिए रंक।
क्या जानों केहि रूखतर, कूरा रोय करंक ॥

—संत कबीर

अपनी प्रशंसा करके दूसरों को दरिद्र मत कहो। कौन जाने कि कब समय रूपी वृक्ष के नीचे कुरा करंक हो जाए, अर्थात् मूर्ख मनुष्य के सिर पर मुकुट आ जाए।

बड़ा बड़ाई न करे, बड़ा न बोलै बोल।
हीरा मुख से ना कहै, लाख हमारा मोल ॥

—संत कबीर

सज्जन पुरुष कभी भी अपनी मान-बड़ाई नहीं करते और न ही कभी अभिमान के बड़े बोल (निंदा वचन) बोलते हैं। जैसे कीमती हीरा कभी भी अपने

मुंह से यह नहीं कहता कि मेरा मूल्य लाखों रुपए है। बड़े लोगों तथा मूल्यवान वस्तुओं का मोल समझदार व्यक्ति (जौहरी) ही जानता है।

मान बड़ाई जगत में, कूकर की पहचान।
प्यार किए मुख चाटई, बैर किए तन हान॥

–संत कबीर

इस जगत में कुत्ते की पहचान उसके स्वभाव से होती है। यदि उसे सम्मान और प्यार दो तो वह मुंह तक चाटने लगता है और मारने पर काटने दौड़ता है। यही स्थिति अभिमानी मनुष्यों की भी है। यदि उन्हें सम्मान दो, तो वे सिर चढ़ जाते हैं और यदि ऐसा न करें, तो वे शत्रु बन जाते हैं, अर्थात् दोनों ही स्थितियों में वे ठीक नहीं हैं।

मान दिया मन हरषिया, अपमाने तन छीन।
कहैं कबीर तब जानिये, माया में लौ लीन॥

–संत कबीर

जब किसी के सम्मान देने से मन हर्षित हो जाए, खुशी से फूला न समाए, परंतु अपमान के मिलने से यही मन शोकाकुल हो जाए, दुःख से भर जाए, तो कबीर कहते हैं कि अच्छी तरह जान लो, हमारा यह मन अर्थात् 'हम' माया में डूबे हुए हैं। दूसरे शब्दों में हमें प्रशंसा-निंदा या मान-अपमान दोनों से रहित होकर सेवा-भक्ति का जीवन जीना चाहिये।

बड़ा हुआ तो क्या हुआ, जैसे पेड़ खजूर।
पंथी को छाया नहीं, फल लागे अति दूर॥

–संत कबीर

बड़ा हुआ तो क्या हुआ, ऐसे बड़े होने से कोई लाभ नहीं, जैसे खजूर का बड़ा-लंबा वृक्ष। इससे पथिक को छाया नहीं मिलती और इसका फल बहुत ऊंचाई पर लगता है, जो सरलता से प्राप्त नहीं होता, अतः अभिमानवश ऐसा बड़ा होने से कोई लाभ नहीं होता।

ऊंचा पानी न टिकै, नीचे ही ठहराय।
नीचा होय सो भरि पिए, ऊंच पियासा जाय॥

–संत कबीर

ऊंची भूमि (टीला) पर पानी कभी नहीं रुक पाता, वह नीची भूमि (गड्ढे)

में जाकर ही रुकता है, जो अपने-आपको नीचा करेगा, वह अंजलि भरकर भर पेट पानी पिएगा, परंतु ऊंचा तना खड़ा रहेगा, वह तो प्यासा ही रह जाएगा, अतः उच्चाभिमान त्यागकर, दीनता-विनम्रता ग्रहण करो।

बड़ा बड़ाई न करै, छोटा बहु इतराय।
जौं प्यादा फरजी भया, टेढ़ा-टेढ़ा जाय॥

—संत कबीर

जो बुद्धिमान लोग होते हैं, वे कभी अपनी प्रशंसा नहीं करते, परंतु छोटी बुद्धि वाले लोग अभिमानवश इठलाते हुए घूमते हैं। जैसे यदि एक छोटा सिपाही मंत्री पद पा जाए, तो वह अभिमान में आकर अकड़कर चलने लगता है।

माया तजी तो क्या भया, मान तजा न जाय।
मान बड़े मुनिवर गले, मान सबन को खाय॥

—संत कबीर

धन-संपत्ति, स्त्री, पुत्र आदि स्थूल माया का त्याग कर भी दिया तो बहुत बड़ी बात नहीं। सूक्ष्म रूप से मन में जो अभिमान है, उसका त्याग बहुत बड़ी बात है। इस अभिमान में बड़े-बड़े ऋषि-मुनि गल-मिट गए, यह दुष्ट अभिमान सबको खा जाता है।

ऊंचे कुल के कारने, भूलि रहा संसार।
तब कुल की क्या लाज है, जब तन होगा छार॥

—संत कबीर

उत्तम कुल के अभिमान में बहुत से लोग संसार को विस्मृत कर मोह-माया में फंसे घूमते रहते हैं। उन्हें आगे आने वाले समय का तनिक भी आभास नहीं होता, परंतु उन्हें विचार कर समझना चाहिये कि उनके ऊंचे कुल की तब क्या लज्जा रहेगी, जब यह सुंदर शरीर ही जलकर राख हो जाएगा, अतः कुलाभिमान त्यागकर सेवा-भक्ति-सत्संग में मन लगाना चाहिये।

कंचन तजना सहज है, सहज तिरिया का नेह।
मान बड़ाई ईरषा, दुरलभ तजनी येह॥

—संत कबीर

स्वर्ण संपत्ति का त्याग सरल है और स्त्री का मोह त्यागना भी सरल है, परंतु इस संसार में सामान्य जनों के लिए मान, प्रशंसा और ईर्ष्या का त्याग करना बहुत ही कठिन है। बिना सत्संगति और सत्गुरु की शरण के इनका त्याग संभव नहीं है।

31 कथनी और करनी

कथनी विचार है तथा करनी आचार है। करनी के बिना कथनी अधूरी है। जिस तरह फूल बिना खुशबू के, उसी तरह कथनी बिना करनी के। कथनी कागज के बने नकली फूल के समान है, जबकि प्राकृतिक फूल वास्तव में फूल है दिखने में भी और सुगंध में भी। एक सत्यनिष्ठ व्यक्ति वही करने का प्रयत्न करता है जो वह घोषित करता है या उपदेश देता है। कथनी और करनी का अंतराल मनुष्य को दुर्बल कर देता है। वह व्यक्ति जो कहता कुछ है और करता कुछ है, अपनी विश्वसनीयता खो देता है, लोग उसे गंभीरता से नहीं लेते तथा घृणा भी करते हैं।

ऐसा व्यक्ति प्रेम, प्रशंसा और आदर को अधिकार पूर्वक प्राप्त नहीं कर सकता। एक ईमानदार व्यक्ति जैसा सोचता है, वैसा कहता है तथा जैसा कहता है, वैसा करता है। मिथ्या आचरण से न मित्र बनाए जा सकते हैं और न गौरव ही प्राप्त हो सकता है। उदाहरण प्रस्तुत करना उपदेश देने से अधिक प्रभावशाली तथा स्पर्धा के योग्य होता है। मनुष्य के कर्म शब्दों से अधिक कह देते हैं। कथनी और करनी का मेल आवश्यक है, अर्थात् विचार और आचार का मेल आवश्यक है। उदाहरण के लिए सत्य की बात करना या सत्य बोलने का उपदेश देना बहुत सरल है, जबकि सत्य का आचरण कठिन है। जैसा मुख से कहा जाए, वैसे ही करनी में उतारा जाए, तभी कथनी की सार्थकता है।

कथनी का संबंध वाणी से है, उपदेश, प्रवचन या ज्ञान-चर्चा की बातें कथनी है। जब तक वक्ता की कथनी और करनी में सामंजस्य नहीं होता, तब तक कथनी का उचित प्रभाव नहीं पड़ सकता, जो व्यक्ति दूसरों को ज्ञान उपदेश देता है, उसे स्वयं भी संपन्न होना चाहिये। जिस प्रकार गधे पर पुस्तकों के गट्ठर का बोझ लाद देने पर गधा-गधा ही रहता है, वह पशुता छोड़कर मनुष्य नहीं बन

जाता, उसी प्रकार सद्विचारों का बोझ ढोता हुआ मनुष्य सदाचारी नहीं बन सकता। आचरण का महत्त्व विचार से अधिक है। आचरण के अभाव में सत्य का उपदेश बकवास है। यदि हम स्वयं अशांत मन हों और दूसरों को शांत रहने का उपदेश दें या हम स्वयं को पीड़ा पहुंचाएं तथा दूसरों को उपदेश दें, तो इससे कोई लाभ नहीं होगा। यदि कथनी न भी हो तो करनी का होना आवश्यक है, क्योंकि दूसरे लोग हमारी करनी का अनुकरण करते हैं।

कुकस कूटै कन बिना, बिन करनी का ज्ञान।
ज्यौं बंदूक गोली बिना, भड़क न मारै आन॥

–संत कबीर

बिना आचरण किए ज्ञान का कथन करना ठीक उसी प्रकार है, जैसे चावल के बिना खाली भूसी को कूटना, जिस प्रकार वास्तविक गोली के बिना बंदूक में केवल स्वर होता है, वह दूसरे को मार नहीं सकती, अर्थात् जैसा कहो, वैसा करना चाहिये।

कथनी काची होय गई, करनी करी न सार।
श्रोता वक्ता मरि गया, मूरख अनंत अपार॥

–संत कबीर

जब श्रोता ही ध्यानपूर्वक न सुनता हो, तो वक्ता का वक्तव्य बेकार है। जब श्रोता और वक्ता दोनों एक लक्ष्य में स्थिर हों, तभी उस कथनी के ज्ञान का स्वाद रस प्राप्त हो सकता है।

कथनी मीठी खांड सी, करनी विष की लोय।
कथनी से करनी करै, विष से अमृत होय॥

–संत कबीर

ऐसे कपटी लोगों से हमेशा सावधान रहना चाहिये, जिनकी कथनी खांड जैसी मीठी होती है, परंतु उनकी करनी विष के समान होती है। पवित्र कथनी के अनुसार यदि करनी की जाय, तो विष जैसी बुराइयां भी अमृत बन जाती है और वह दीन-हीन व्यक्ति भी उत्तम बन जाता है।

कथनी कथि फूला फिरे, मेरे होय उचार।
भाव भक्ति समझे नहीं, अंधा मूढ़ उचार॥

–संत कबीर

कथनी का अहंकार लिए अभिमान में फूले फिरते हैं और कहते हैं कि मेरे हृदय अर्थात् मुख से कितने मधुर व सुंदर शब्दों का उच्चारण होता है, परंतु ऐसे अज्ञानी-गंवार मनुष्य भक्ति भाव नहीं समझते। वे केवल कथनी से ही अपने मन को रिझाते हैं।

साखी लाय बनाय के, इत उत अच्छर काटि।
कहैं कबीर कब लगि जिये, जूठी पत्तर चाटि॥

—संत कबीर

कबीर कहते हैं कि कवि बनकर कथनी की मान-बढ़ाई के लिए इधर-उधर के अक्षर काट-छांटकर साखी-छंद बनाकर ले आए। इस प्रकार दूसरों की जूठी पत्तल चाटकर कब तक जीओगे, अर्थात् स्वयं के अनुभव तथा योग्यता के बिना इधर-उधर से शब्द-भाव चुराकर, अधिक समय तक ठहर नहीं पाओगे। स्वयं के अनुभव तथा चिंतन-मनन से अपनी मौलिक रचना ही उचित है।

करनी—कथनी से करनी अधिक महत्वपूर्ण होती है। कथनी करनी ही पर आधारित होती है। जो लोग कथनी के अहंकार में बड़े-बड़े ज्ञानोपदेश व प्रवचन आदि देते हैं और उन्हें स्वयं अपने आचरण में नहीं उतारते, वे अज्ञानी होते हैं। करनी का जीवन में विशेष स्थान है। **'जैसी करनी वैसी भरनी'** के अनुसार व्यक्ति अपनी करनी का फल भोगता है। करनी कभी निष्फल नहीं जाती। समय आने पर करनी का फल अवश्य मिलता है। कबीर के अनुसार व्यक्ति को गुरु-भक्ति करते हुए पवित्र करनी का ज्ञान प्राप्त करना चाहिये तथा उस ज्ञान का अनुकरण करना चाहिये।

कबीर करनी आपनी, कबहुं न निष्फल जाय।
सात समुद्र आड़ा पड़ै, मिलै अगाऊ आय॥

—संत कबीर

कबीर कहते हैं कि अपनी की हुई करनी का फल कभी भी निष्फल नहीं हो सकता। चाहे उसके रोक (आड़) मे सात समुद्र ही क्यों न आ जाएं, परंतु उसका फल समय आने पर अवश्य ही प्राप्त होता है।

जैसी करनी जासु की, तैसी भुगते सोय।
बिन सतगुरु की भक्ति के, जनम जनम दुख होय॥

–संत कबीर

अर्थात् जिसकी जैसी करनी होती है, उसको वैसा ही फल भुगतना पड़ता है। सद्गुरु की सेवा-भक्ति किए बिना व्यक्ति जन्म-जन्मांतर का दुःख भोगता है, अतः गुरु-भक्ति करके पवित्र करनी का ज्ञान प्राप्त करना चाहिये।

करनी बिन करनी कथै, अज्ञानी दिन रात।
कूकर सम भूकत फिरै, सुनी सुनाई बात॥

–संत कबीर

बिना करनी किए, अज्ञानी मनुष्य दिन-रात इधर-उधर कथनी करता हुआ विचरता है। वह सुनी-सुनाई बातों को दूसरों के सामने इस प्रकार बोलता है, जैसे कुत्ता भौंक रहा हो।

जब तू आया जगत में, लोग हंसे तू रोय।
ऐसी करनी न करो, पीछे हंसे सब कोय॥

–संत कबीर

जब तू अपनी मां के गर्भ से पैदा हुआ तो तेरे आने की खुशी में सभी लोग प्रसन्न होकर हंसते थे, पर तू रोता था। अब ऐसी करनी मत करना कि तेरे मरने के बाद तेरे आचरण पर सब कोई हंसें, अर्थात् ऐसी करनी करनी चाहिये, जिसे स्मरण कर सबकी आंखों में श्रद्धा और प्रेम के अश्रु भर आएं।

32 प्रेम और वासना

मात्र दैहिक आकर्षण के कारण वासना से बद्ध हो जाना संकट मोल ले लेना है। वासना शरीर की गंध है, प्रेम आत्मा की। वासना बरसाती नाले के उफान की भांति क्षणिक अस्थिर और अस्थायी होती है तथा प्रेम समुद्र की भांति गंभीर, स्थिर और स्थायी होता है। वासना एक भ्रमात्मक जाल होती है, जिसमें अविवेकी लोग फंस कर पछताते और छटपटाते रह जाते हैं तथा प्रेम एक पवित्र बंधन होता है। वासना मनुष्य के आत्मबल को क्षीण कर देती है तथा प्रेम उसका संवर्धन करता है। वासना में स्वार्थ और शोषण की भावना प्रच्छन्न होती है तथा प्रेम में त्याग और पोषण होता है तथा स्वार्थ एवं शोषण की गंध भी नहीं होती। वासना पतनकारक होती है तथा उसका अंत घृणा, टकराव और क्लेश में होता है, जबकि प्रेम पावन होता है तथा उसकी परिणति सहयोग और सुख में होती है। वासना आपको इस संसार के साथ बांधता है। पवित्र प्रेम परम सुख देता है और आपको इस संसार से मुक्ति की ओर ले जाता है।

प्रेम, पावन (पवित्र करने वाला) होता है। प्रेमरहित, अनियंत्रित एवं निरंकुश वासना मनुष्य को अनैतिकता व अपराध की ओर धकेल देती है। मोह भंग होने पर वासना निराशा, कटुता, विरोध और वैर उत्पन्न कर देती है। पहले व्यक्ति अनैतिक कर्म को छिपाता है और अंत में प्रकट होने पर पछताता रह जाता है। प्रेम वासना को पवित्र कर देता है तथा विवेकशीलता पुरुष वासना पर विचार एवं नैतिकता का अंकुश रखकर उसे नियंत्रित रखता है।

वास्तव में प्रेम आध्यात्मिक तथा आत्मिक होता है और इसका देह से कोई संबंध नहीं होता, जबकि वासना (जिसको भौतिक प्रेम कहा जाता है) का संबंध देह से है। ऐसे भौतिक प्रेम से शारीरिक अलगाव बना रहता है, क्योंकि दो शरीर

कभी एक नहीं हो सकते। जबकि आध्यात्मिक प्रिय भक्त के हृदय में होता है तथा भक्त का प्रिय उसके भीतर ही होता है।

नर और नारी एक दूसरे के पूरक होते हैं। एक के बिना दूसरे का अस्तित्व नहीं होता। सृष्टि की रचना के लिए सभी प्राणियों (शरीरधारी जो जल, थल और आकाश में मौजूद रहते हैं) में पुल्लिंग और स्त्रीलिंग होता है। लेकिन इन सब शरीरों को क्रियाशील करने वाली आत्मा का कोई लिंग नहीं होता। यदि व्यक्ति अपने आपको आत्मा समझे, तो वह लिंग विचार से ऊपर उठ जाएगा। सुकदेव (व्यास के पुत्र) लिंग, विचार से परे थे। पुरुष विपरीत लिंग आकर्षण को निर्मूल करने के लिए नारी में उनके उम्र के अनुसार बेटी, बहन और मां देखते हैं। उसी प्रकार महिलाएं भी पुरुषों में उनके उम्र के अनुसार पुत्र, भाई और पिता देखती हैं। रामकृष्ण परमहंस के अनुसार लिंग आकर्षण को मिटाने के लिए सब नारियों को मां का ही रूप समझना सबसे उत्तम है।

संत कबीर प्रेम को ही सच्चा ज्ञान मानकर कहते हैं–

पोथी पढ़ि पढ़ि जग मुआ, पंडित हुआ न कोय।
ढाई अक्षर प्रेम का, पढ़ै सो पंडित होय॥

–संत कबीर

किताबें पढ़-पढ़ के लोग इस दुनिया से चले गए लेकिन पंडित कोई न बन सका। जिसने ढाई अक्षर 'प्रेम' का पढ़कर, समझकर अपने जीवन में उतार लिया, वही पंडित बन सकता है।

गुरु नानकदेव कहते हैं कि वह परमात्मा सच है और उसका नाम अपार प्रेम है। आत्मा परमात्मा का अंश है। यह उस प्रेम की सागर की एक बूंद है, और उससे बिछुड़कर इस संसार में दुःख झेल रही है। यह अपने मूल स्रोत में समाकर ही सुखी हो सकती है। संत कहते हैं कि उसकी तलाश में लोग व्यर्थ बाहर भटक रहे हैं, उसके मिलाप की चाह रखने वाले को चाहिये कि अपने अंतर में जाकर प्रेम के उस अक्षय भंडार को प्राप्त करे।

हिरदे में महबूब है, हरदम का प्याला।
पीएगा कोई जौहरी, गुरुमुख मतवाला॥

–संत कबीर

कबीर कहते हैं कि वह प्रियतम अंतर में है, वह प्रेम का ऐसा प्याला है

जो हमेशा भरा रहता है, परंतु कोई सच्चे गुरु का शिष्य ही उसकी परख जानता है और वही उसे पीकर मतवाला हो सकता है।

वासना के संदर्भ में कबीर कहते हैं–

सहकामी दीपक दसा, सीखै तेल निवास।
कबीरा हीरा संत जन, सहजै सदा प्रकाश ॥

–संत कबीर

काम-वासना से वशीभूत होकर विषयों का कुसंग करने वाले मनुष्य की दशा इस प्रकार के जलते हुए दीपक के समान हो जाती है जो अपने आधारभूत तेल को भी चूस लेता है, जिससे वह आलोकित होता है। कबीर कहते हैं कि संत जन हीरे के समान होते है, जिनका सदा ही निज स्वाभाविक प्रकाश होता है, अतः वे अपने ज्ञान-प्रकाश से जिज्ञासु जनों के हृदय को प्रकाशित करते हैं।

कामी कुत्ता तीस दिन, अन्तर होय उदास।
कामी नर कुत्ता सदा, छह रितु बारह मास ॥

–संत कबीर

कुत्ता बारह महीनों में केवल तीस दिन ही काम वासना के वशीभूत रहता है, फिर वह इससे उदास होकर दूर रहता है, परंतु कामी व्यक्ति तो ऐसा भ्रष्ट और पतित है कि वह बारह महीने की छः ऋतुओं में सदैव काम वासना में डूबा रहता है।

कहता हूं कहि जात हूं, मानै नहीं गंवार।
बैरागी गिरही कहा, कामी वार न वार ॥

–संत कबीर

पहले भी बहुत कुछ कह दिया है, फिर कहता हूं और कहते जाता हूं, फिर भी अज्ञानी लोग मेरी बात नहीं मानते। चाहे कोई साधु वैरागी के वेश में हो या गृहस्थ के वेश में, किसी भी रूप में कामी मनुष्य का कहीं ठिकाना नहीं है, अर्थात् उसका उद्धार नहीं हो सकता।

कामी का गुरु कामिनी, लोभी का गुरु दाम।
कबीर का गुरु संत है, संतन का गुरु राम ॥

–संत कबीर

कबीर कहते हैं कि काम वासना में डूबा व्यक्ति कुमार्गी होता है। उसके ऊपर प्रतिक्षण विषयासक्ति छाई रहती है, अतः उसका सब कुछ उसकी भोग्या कामिनी ही होती है। लोभी व्यक्ति प्रतिक्षण धन में ही ध्यान लगाए रहता है, अतः उसका स्वामी धन-संपत्ति (माया) ही है। सामान्य जनों को सदुपदेश यानी ज्ञान प्रदान करने वाले संत ही उनके गुरु हैं तथा भक्ति ज्ञान से पूर्ण संतों का सद्गुरु अंतर्यामी आत्मा-राम है, जिसमें वे सदा स्थिर रहते हैं। आत्मस्वरूप को जान लेने से बाहर के गुरु और भीतर की आत्मा में कोई भेद नहीं रहता।

आगे दी गई कहानी में प्रेम और वासना के सूक्ष्म रूप को व्यक्त किया गया है–

दो संन्यासियों के सोच और व्यवहार में अंतर

दो संन्यासी एक नदी के किनारे बैठे थे। एक जवान औरत आई और उन दोनों से प्रार्थना करते हुए कहने लगी, "मुझे जल्दी से जरूरी काम के वास्ते नदी के उस पार गांव में जाना है। यहां पर नदी पार करने के लिए कोई पुल भी नहीं है। कृपया मुझे नदी पार करा देंगे क्या?" उनमें से एक संन्यासी बोला, "हम दोनों ब्रह्मचारी हैं, इसलिए हम आपकी मदद नहीं कर सकते।" परंतु दूसरे संन्यासी ने कहा, "मैं आपकी सहायता करूंगा, कृपया आप मेरे पीठ पर बैठ जाइए।" वह औरत उस संन्यासी की पीठ पर बैठ गई, और संन्यासी ने तैरकर नदी पार की। औरत ने उस संन्यासी को नदी पार कराने के लिए धन्यवाद दिया और वह चली गई।

तत्पश्चात् दोनों संन्यासी वहां से अपने ठिकाने की ओर चले गए। चलते-चलते करीब आधा घंटा हो गया तब एक संन्यासी ने दूसरे से कहा, "तुमने ब्रह्मचारी होते हुए उस औरत को अपनी पीठ पर बिठा के अच्छा नहीं किया।" इसके उत्तर में दूसरा संन्यासी बोला, "उस औरत को मैं उसी क्षण भूल गया था, जब मैंने उसे नदी पार उतार दिया था। परंतु तुम अभी तक भी उस औरत को अपने मन पर लादे हुए हो, क्या तुम अच्छा कर रहे हो?"

सार–*पहले संन्यासी ने औरत की सहायता तो की नहीं, किंतु उसे अपने मन से लगा लिया, जबकि दूसरे संन्यासी ने औरत की सहायता भी की और मन से भी नहीं लगाया।*

33 विवेक और मनोभाव

विवेक का अल्पांश भी ज्ञान के प्रचुर भंडार से अधिक बढ़कर होता है। विवेक व्यक्तिगत अनुभव से पैदा होता है तथा मन को बलवान बना देता है। पुस्तकों से प्राप्त ज्ञान महत्त्वहीन होता है, यदि गंभीर चिंतन और अनुभव से उसका संपूरण न किया जाए। व्यक्तिगत अनुभव होने से ही ज्ञान मनुष्य के जीवन का अंग बनता है। जीवन का अनुभव ही हमें सिखाता है कि उत्साह को विचारशीलता के साथ तथा नेकी (उत्तमता) को सतर्कता और साहस के साथ संयुक्त किया जाना चाहिये अन्यथा चतुर लोगों द्वारा उनका पापपूर्ण उद्देश्यों के लिए दुरुपयोग हो सकता है।

विवेकी मनुष्य आनंदित तथा मस्त रहता है। विवेक की अनुपस्थिति में मनुष्य बेचैन रहता है। विवेक आपका सबसे उत्तम दोस्त है। श्रीमद्भगवद्गीता के नीचे लिखे श्लोक पर ध्यान दें–

बंधुरात्मात्मनस्तस्य येनात्मैवात्मनाजितः।
अनात्मनस्तु शत्रुत्वे वर्तेतात्मैव शत्रुवत्॥

–गीता (6/6)

अपने-आपको जीतने वाला विवेकी मनुष्य अपना मित्र होता है तथा इसके विपरीत अपने को न जीतने वाला मनुष्य अपना शत्रु हो जाता है।

सार–उत्तम कुल में जन्म लेने से अथवा मात्र उत्तम ग्रंथों के पठन से कोई मनुष्य उत्तम नहीं हो जाता। श्रेष्ठ जन भी मार्ग-निर्देशन ही कर सकते हैं, किंतु मनुष्य स्वयं प्रयत्नशील होने पर आगे बढ़ सकता है। मनुष्य का प्रयत्न ही उसे ऊपर उठा सकता है। जो मनुष्य अपने मन, बुद्धि और इंद्रियों पर विजय पाकर उत्तम दिशा में आगे बढ़ता ही रहता है, वह अपना मित्र है तथा इसके विपरीत

जो मनुष्य आत्मविजयी न होने के कारण जीवन में भटक जाता है, वह निश्चय ही अपना शत्रु है एवं अपने साथ शत्रुता कर रहा है। जो मनुष्य अपनी उच्च दैवी प्रकृति से निम्न अथवा पाशविक प्रकृति को जीत लेता है, वह अपना मित्र होता है तथा वह दिव्यातिदिव्य जीवन को पा लेता है। आत्मविजय सबसे बड़ी विजय है। अपने मन को जीतना ही अपने ऊपर शासन करना है। अपने राग-द्वेष, घृणा-क्रोध, लोभ-मोह आदि विकारों का शमन करके वाह्य पदार्थों के प्रलोभन से मुक्त होना निर्बंध है। वह नितांत स्वाधीन होता है। मन को बस में न रखने वाला अर्थात् कामी, क्रोधी, और लोभी निरंतर अपने साथ शत्रुता करता रहता है तथा जीवन को नष्ट कर लेता है। जिसने मनोराज्य पर विजय पा ली, उसने विश्वविजय पा ली।

मनोभाव, वाष्प के समान एक शक्ति है, जो बुद्धि को क्रियाशील कर देती है। यदि इसे संभालकर ठीक प्रकार से दिशा दी जाए, तो वह मन को उस चरम तक ले जाता है, जहां मनुष्य अपने उत्कर्ष या शिखर को प्राप्त कर लेता है। मनुष्य उस चरम (भव्य) अवस्था एवं रचनात्मक क्षणों में ईश्वरत्व को प्राप्त कर लेता है। लेकिन यदि मनोभावों को अति दूर तक ले जाएं और वे नियंत्रण से बाहर हो जाएं, तो वे विध्वंसक हो जाते हैं। इसलिए भावुकता पर विवेक का अंकुश होना चाहिये।

मनुष्य में प्रेम का संवेग या मनोभाव, मौलिक व सकारात्मक होता है। घृणा एवं क्रोध के संवेग यद्यपि सामान्य होते हैं, पर वस्तुतः प्रतिक्रियात्मक एवं नकारात्मक होते हैं। वह मनुष्य जो प्रेम को संपूर्ण रूप में धारण करता है, घृणा एवं क्रोध पर सरलता से विजय प्राप्त कर लेता है तथा स्वास्थ्य एवं आनंद प्राप्त कर लेता है।

नकारात्मक मनोभाव या संवेग ऊर्जा के कुपरिवर्तित रूप में होते हैं, जो उचित दिशा दिए जाने पर व्यक्तित्व के विकास में सहायक हो जाते हैं। साधारण मनोभाव और स्थायी मनोभाव जीवन में रस उत्पन्न कर देते हैं।

विवेक मनोभावों को संयमित और संतुलित कर उनको सही दिशा दे सकता है। विवेक व्यक्ति को मनोभावों के वेग में बहने से रोकता है।

34
भूल और पश्चात्ताप

भूल करना मनुष्य का स्वभाव है। मनुष्य में गुण और दोष का सम्मिश्रण है। कौन भूल नहीं करता? कौन पूर्ण है? किसको निराशा नहीं होती? कौन नहीं गिरता? गिरने के बाद उठ जाना और आगे बढ़ना विवेक है। पुरानी भूलों, विफलताओं, अपमानों, हानियों, निराशाओं और क्लेशों का स्मरण करते रहने से मन में उनके संस्कार प्रगाढ़ हो जाते हैं और उनमें पड़े रहने की आदत बन जाती है। उनका स्मरण करते रहने से मन के बंधन और भी अधिक बलवान हो जाते हैं तथा मनुष्य के लिए वर्तमान में जीना और जिम्मेदारियों का निर्वाह करना कठिन हो जाता है। पीछे मुड़-मुड़ कर देखने वाला व्यक्ति आगे की ओर नहीं बढ़ सकता। अतीत की दुखद स्मृतियों को बरबस दमन कर देने अथवा उन्हें धक्का दे देने से वे अधिक उग्र होकर सामने आ खड़ी होती हैं। मनुष्य मन के समस्त बंधनों से मुक्त होकर ही सम, संतुलित और शांत रह सकता है। विवेकशील व्यक्ति स्मृतियों के प्रभाव का तटस्थ साक्षी हो जाता है तथा वह उनकी गति एवं उनके वेग को नहीं रोकता। वह उनके वेग के शांत हो जाने पर, सकारात्मक होकर मन को समझा देता है तथा उनके प्रभाव को क्षीण कर देता है।

पश्चात्ताप आत्मशोधन की प्रक्रिया है, आत्मविनाश की नहीं। पश्चात्ताप करना मनुष्य की सात्विकता को प्रमाणित कर देता है। निर्लज्ज दुष्टगण को कुकर्म करने के पश्चात् कोई आत्मग्लानि नहीं होती। पश्चात्ताप मनुष्य के सुधरने का लक्षण होता है। पश्चात्ताप की अग्नि भयंकर भूलों को भी भस्म कर देती है तथा मन को शुचि कर देती है। पश्चात्ताप करने के बाद मनुष्य का हृदय परिवर्तित हो जाता है। वास्तव में अपनी भूल को स्वीकार कर लेना तथा उससे मुख मोड़ लेना ही भूल के प्रभाव से मुक्त हो जाना है। यही आत्मविजय है और आवश्यक हो, तो संबद्ध व्यक्ति से भूल स्वीकृति कह देना महानता है।

संत कबीर कहते हैं—

नाम भजो मन बसि करो, यही बात है तंत।
काहे को पढ़ि पचि मरो, कोटिन ज्ञान गिरंथ ॥

—संत कबीर

अर्थात् यह एक ठोस एवं परम सत्य है कि अपने मन को बस में करके, सद्गुरु के नाम का सुमिरन तथा ध्यान-भजन करो। करोड़ों ज्ञान ग्रंथ या किताबें किसलिए पढ़-पढ़कर मरते जा रहे हो, अर्थात् इन सभी में यही सार है।

पंडित शिवानंद ने विवेक के संदर्भ एक ही वाक्य में सुंदर वर्णन कर दिया है—

'विवेक का अल्पांश भी ज्ञान के प्रचुर भंडार से अधिक बढ़कर होता है।'

व्यक्तिगत अनुभव होने से ही ज्ञान, मनुष्य के जीवन का अंग बनता है। एक ही विषय पर भिन्न-भिन्न लेखकों की लिखी हुई बहुत किताबें पढ़ी जाएं, तो उनमें कुछ भिन्नता तथा विरोधाभास हो सकता है, लेकिन व्यक्तिगत अनुभव व द्वंद्वों से ऊपर केवल सत्य होता है। कबीर अनुभव ज्ञान के संदर्भ में कहते हैं—

आतम अनुभव जब भयो, तब नहिं हर्ष विषाद।
चित्त दीप सम ह्वै रह्यो, तजि करि वाद-विवाद ॥

—संत कबीर

जब व्यक्ति को खुद अनुभव हो जाता है, तो उसे खुशी-उदासी नहीं होती। क्योंकि वह द्वंद्वों से ऊपर हो जाता है तथा वह वाद-विवाद त्यागकर शांतचित्त हो जाता है।

कभी व्यक्ति ऐसे मोड़ पर पहुंच जाता है, जब उसके पास दो ही विकल्प रह जाते हैं। इसी संदर्भ में नीचे लिखे श्लोक को देखें—

श्रेयश्च प्रेयश्च मनुष्यमेतस्तौ संपरीत्य विविनक्ति धीरः।
श्रेयो हि धीरोऽभि प्रेयसो वृणीते प्रेयो मंदो योगक्षेमाद वृणीते ॥

—कठोपनिषद्

अर्थात् श्रेय (कल्याणकारी एवं उचित) और प्रेय (मन को प्रिय) मनुष्य के सामने आते हैं। धीर एवं विचारशील व्यक्ति सब ओर से उनकी जांच कर उनमें विवेक करता है। विवेकी पुरुष प्रेय के सामने श्रेय का ही वरण करता है, किंतु मूढ़ व्यक्ति प्रेय का वरण करता है।

निम्नलिखित घटना संत कबीर के साथ घटी थी। इसमें पुस्तकों एवं किताबों से प्राप्त ज्ञान तथा अनुभव ज्ञान यानी विवेक का फर्क स्पष्ट दिखाई पड़ता है–

कबीर और सर्वजीत

कहते हैं कि सर्वानंद नामक एक प्रकांड विद्वान अनेक पंडितों और विद्वानों को शास्त्रार्थ में हरा चुका था। उसने अपना नाम सर्वानंद से बदलकर सर्वजीत रख लिया था। उसकी माता अपनी काशी यात्रा में एक बार कबीर के सत्संग में आई और उनसे नामदान ले गई। पुत्र के पाण्डित्य की व्यर्थता को समझते हुए उसने एक दिन सर्वजीत से कहा कि वह उसे तभी सर्वजीत मानेगी, जब वह कबीर को शास्त्रार्थ में पराजित कर देगा।

माता के वचन सर्वजीत को चुभ गए। एक बैल पर अपने शास्त्रों तथा किताबों को लादकर वह बनारस आया। कबीर के घर के सामने पहुंचकर उसने पुकारा, "क्या कबीर का घर यही है?" कबीर कहीं बाहर गए हुए थे। उनकी पुत्री कमाली पुस्तकों से लदे बैल को देखकर मुस्करा कर बोली, "यह कबीर का घर नहीं है। उनका घर तो ब्रह्मा, विष्णु और शिव को भी नहीं मिला।"

कबीर का घर सिखर पर, जहां सिलहिल गैल।
पांव न टिके पपील का, पंडित लादे बैल॥

(माना जाता है कि पुस्तकों से लदे बैल को देखकर यह दोहा कमाली के मुख से निकला था) अर्थात् कबीर का घर शिखर खंडों-ब्रह्मांडों से ऊपर धुर धाम पर है, जिसका मार्ग इतना फिसलना है कि चींटी के पैर भी उस पर जम नहीं सकते, परंतु पंडित तो लदे हुए बैल के साथ वहां पहुंचना चाहता है।

सर्वजीत सहसा कोई उत्तर नहीं दे सका। इतने में कबीर आ गए। सर्वजीत की चुनौती को सुनकर उन्होंने कहा कि वे तो एक साधारण अनपढ़ जुलाहा हैं; और इतनी पुस्तकें उन्होंने जीवन में कभी देखी भी नहीं। लेकिन सर्वजीत शास्त्रार्थ करने के लिए जिद करता ही रहा। कबीर के पूछने पर उसने अपनी माता की बात बताई। इस पर कबीर ने कहा, "भाई, मैं जानता हूं कि शास्त्रार्थ में आपसे नहीं जीत सकता। मैं अपनी हार मानता हूं।" सर्वजीत बोला कि अगर हार मानते हैं, तो लिखकर दे दें। कबीर ने कहा, "मैं तो लिखना नहीं जानता, सिर्फ अपने दस्तखत कर सकता हूं। आप खुद लिख दें, मैं दस्तखत कर दूंगा।"

सर्वजीत ने लिखा, "सर्वजीत ने कबीर को हरा दिया" और कबीर ने अपने हस्ताक्षर कर दिए। परंतु घर लौटने पर जब सर्वजीत ने कागज अपनी माता को बताया तो देखा कि उसमें लिखा था, "कबीर ने सर्वजीत को हरा दिया।" अपने लिखने में हुई गलती को सुधारने के लिए सर्वजीत वापस काशी गया और कबीर से एक नई परची पर दस्तखत करवा कर लौटा। परंतु इस बार भी लिखा था कि कबीर ने सर्वजीत को हरा दिया। वह फिर से बनारस गया, लेकिन इस बार भी लिखा हुआ वही निकला। हैरान होकर सर्वजीत अपने माता से बोला, 'यह कबीर तो अवश्य कोई जादूगर है। वह कुछ कर देता है और मेरा लिखा हुआ बदल जाता है।"

उनकी माता कबीर की महानता से परिचित थीं, इसलिए बोलीं, "कबीर एक संत हैं, प्रभु के प्रेमी हैं, जादूगर नहीं। उनके सामने मन के दोष एक ओर हट जाते हैं और सच्चाई प्रकट हो जाती है। उनसे प्रभावित होकर न चाहते हुए भी तुम बार-बार वही लिख देते हो। कबीर को परास्त करने के लिए तुम्हें चाहिये कि यह मालूम करो कि उनका उपदेश क्या है।" पुत्र को खामोश देखकर वह फिर बोली, "देखो, वे कितने नम्र हैं, अपनी अज्ञानता को कितनी आसानी के साथ स्वीकार करते हैं। उनको जीतने के लिए तुम्हें भी दीनता अपनानी होगी, क्योंकि अभिमान कभी नम्रता पर विजय प्राप्त नहीं कर सकता।"

सर्वजीत एक बार फिर कबीर के पास गया, परंतु इस बार उसके साथ किताबों से लदा बैल नहीं था। कबीर के कुछ दिनों के संपर्क ने उसे बदल दिया। वापस आकर उसने अपनी माता का आभार माना, जिसने उसे कबीर के पास जाने की प्रेरणा दी। वह बोला, "मां, कबीर सच में महान हैं। मैंने उनके चरणों में झुककर अपनी हार मान ली और उन्होंने मुझे नामदान देकर अपने शिष्यों में शामिल कर लिया।"

36 शरीर और मन

शरीर की रचना पंच महाभूतों (आकाश, वायु, अग्नि, जल एवं पृथ्वी) से हुई है। इन पांच तत्त्वों का प्रतिनिधित्त्व हमारे शरीर की पांच ज्ञानेन्द्रियां कराती हैं। आकाश का गुण है, शब्द और शब्द हम कान से सुनते हैं। वायु का गुण है, स्पर्श और स्पर्श हम त्वचा से करते हैं। अग्नि का गुण है, प्रकाश और प्रकाश हम आंखों से देखते हैं। जल का गुण है, स्वाद और स्वाद का अनुभव हमें जिह्वा से होता है। पृथ्वी का गुण है, गंध और गंध का ज्ञान हमें नासिका से होता है। इसके अलावा पांच कर्मेंद्रियां हैं–मुख, हाथ, पांव, लिंग और गुदा। पांच ज्ञानेंद्रियां, पांच कर्मेंद्रियां, शरीर के संस्थान, ग्रंथियां आदि 24 तत्त्वों से हमारे शरीर का संचालन होता है। इन सब पर शासन करने वाला मन, मन पर शासन करने वाली बुद्धि, बुद्धि का शासक अहंकार और उसका स्वामी जीवात्मा है।

प्रकृति ने इस शरीर की रचना अपने आप में पूर्ण की है। इसमें अपने को चलाने, विकार को शरीर से बाहर निकालने, रोगों से बचाने तथा स्वस्थ रखने की पूरी व्यवस्था है। केवल प्रकृति के बनाए नियमों को समझने और उनका पालन करने की आवश्यकता है। शेष कार्य शरीर स्वयं करता है। शरीर ठीक ढंग से चलता रहे तथा भीतरी अंग पूरी तरह सक्रिय रहे, ताकि आपकी आयु लंबी हो और पूरी आयु आप स्वस्थ व युवा रहें, इसीलिए योगासन तथा प्राणायाम करने की आवश्यकता है। आसन की सिद्धि से नाड़ियों की शुद्धि, आरोग्य की वृद्धि एवं शरीर व मन को स्फूर्ति प्राप्त होती है। प्राणायाम से भी नाड़ियां शुद्ध होती हैं, स्नायुमंडल को शक्ति मिलती है, मन की चंचलता दूर होती है तथा मन को एकाग्र करने में सहायता मिलती है।

इदं शरीरं कौन्तेय क्षेत्रमित्यभिधीयते।
एतद्यो वेत्ति तं प्राहुः क्षेत्रज्ञ इति तद्विदः॥

–गीता (13/1)

भगवान श्रीकृष्ण अर्जुन से कहते हैं कि यह शरीर क्षेत्र है। इसे जो जानता है, ज्ञानी जन उसे क्षेत्रज्ञ कहते हैं।

सार–इस सृष्टि में तीन रहस्यपूर्ण तत्त्व हैं–आत्मा, प्रकृति और परमात्मा। इनका ज्ञान होने पर इनका परस्पर संबंध भी ज्ञात हो जाता है। अनादि तत्त्व, शुद्ध चैतन्यस्वरूप, आनंदस्वरूप, नित्य, निराकार परमात्मा है। परमात्मा का अंश शुद्ध आत्मा है। शरीरस्थ आत्मा के माया से आवृत्त रूप को जीवन अथवा जीवात्मा कहा जाता है। यह शरीर इस जीवात्मा का क्षेत्र है तथा ब्रह्मांड अथवा जगत परमेश्वर का क्षेत्र है। श्रेत्रज्ञ जीवात्मा शरीररूप क्षेत्र से भिन्न है। क्षेत्र (खेत) का स्वामी क्षेत्र में जैसा बीज बोता है, वैसी ही खेती काटता है। जीवात्मा पुण्य-पाप के बीज बोकर सुख-दुःख के फल प्राप्त करता है तथा जन्म-मरण के चक्र से ग्रस्त होता है। जीवात्मा (क्षेत्रज्ञ) चेतन तथा नित्य है तथा उससे पृथक् शरीर (क्षेत्र) को इंद्रिय, मन, बुद्धि, अहंकार इत्यादि सहित पूर्णतः जानता है। शरीर जड़ है तथा आत्मा के संपर्क से चेतना, प्रकाश, स्फूर्ति, स्पंदता और गतिशीलता प्राप्त करता है। क्षेत्र (जड़, देह अथवा अपरा प्रकृति), दृश्य तथा क्षेत्रज्ञ (चैतन्य आत्मा अथवा परा प्रकृति), दृष्टा एवं साक्षी है। क्षेत्रज्ञ का वास्तविक रूप शुद्ध चैतन्यस्वरूप आत्मा ही है, किंतु अहं बुद्धि (मैं हूं, ऐसी अहंकार बुद्धि अथवा अज्ञान) होने पर वही क्षेत्रज्ञ जीव अथवा जीवात्मा कहलाता है।

इन पांचों से बंधिया, फिर फिर धरे शरीर।
जो यह पांचौं बसि करै, सोई लागे तीर॥

–संत कबीर

अर्थात् इन पांचों ज्ञानेंद्रियों के विषयों में बंधकर ही इस जीव को बार-बार शरीर धारण करना पड़ता है। जो इन पांचों की आसक्ति त्यागकर इन्हें वश में कर लेता है, वही भव-सागर से पार होकर निर्विघ्न मोक्ष को प्राप्त होता है।

शरीर स्थूल है और मन सूक्ष्म है। शरीर मन की अभिव्यक्ति या प्रकटीकरण है। शरीर मन का अनुकरण करता है। चेहरा मन का प्रदर्शक या संकेतक है। डर, दुःख, प्रसन्नता, क्रोध आदि के संकेत चेहरे पर आ जाते हैं। दूसरे शब्दों में चेहरा मन का विज्ञापन स्थान है। मनोभावों का असर भी चेहरे पर दिखाई

देता है। कहा जाता है–स्वस्थ शरीर में ही स्वस्थ मन बसता है। इसी प्रकार स्वस्थ मन का भी शरीर पर अच्छा असर पड़ता है। पेट की गड़बड़ से मन निराश अथवा चंचल हो जाता है। अत्यधिक क्रोध शरीर पर बुरा असर करता है। किसी भी कारण उत्तेजित होना, आपके श्वास-प्रश्वास की गति को बिगाड़ देता है, क्योंकि पूरक और रेचक के अनुपात कम-ज्यादा हो जाते हैं तथा यह शरीर के लिए हानिकारक है। शरीर और मन की ताजगी, स्फूर्ति एवं ओज के लिए आहार, बिहार तथा निद्रा नियमित एवं निश्चित होनी चाहिये। समुचित मात्रा में भोजन पोषण करता है तथा अनुचित मात्रा में पीड़ा देता है। मात्रा से अधिक सोने वाला मनुष्य प्रगाढ़ निद्रा का अनुभव नहीं करता तथा स्वप्नों के जाल में फंसा रहता है। मात्रा से कम सोने वाला मनुष्य शरीर से अस्वस्थ तथा मन से उद्विग्न हो जाता है।

मन जैसा होता है, वैसा मनुष्य होता है। जैसा हम चिंतन करते हैं, वैसा मन बन जाता है। मनुष्य के सुख और दुःख उसके विचार और चिंतन पर निर्भर होता है। मनुष्य चिंतन द्वारा निरंतर अपने मन का निर्माण करता रहता है। मन मानवता का केंद्र है तथा मनुष्य की पशुता और दानवता का केंद्र भी है। देवों के सात्विक गुण, मनुष्यों के रजोगुण एवं दानवों के तमोगुण मनुष्य के मन में हैं। सात्विक गुण कठिन होते हैं और तामसिक गुण सरल होते हैं तथा इसीलिए मन को तामसिक गुण अधिक आकर्षित करते हैं। मन चंचल होता है। मन में ही विषय की आग जलती है और मन में ही वह समाप्त भी हो जाती है। मन जीवात्मा को भ्रमित करता है, जिसके कारण जीव लोभ, मोह आदि को सत्य मानकर चलता है तथा बुद्धि से अपनी बात मनवा लेता है।

मन देह और जीवात्मा के बीच का माध्यम है, जो भीतर होते हुए भी वाह्य जगत की ओर अग्रसर रहता है। मन सभी इंद्रियों के माध्यम से विषय-भोगों का उपभोग करता है। फिर भी वह अतृप्त और अशांत ही रहता है। शरीर और मन के सुयोग-संयम से परम सुख-शांति की उपलब्धि होती है। यदि मन प्रफुल्लित तथा साहस से भरा हो, तो देह में एक शक्ति का संचार हो जाता है। इसके विपरीत यदि मन हताश और उदास हो, तो शारीरिक शक्ति भी क्षीण पड़ जाती है। मन व्यक्ति को सांसारिक प्रवृत्ति में बांधकर जन्म-मरण के चक्कर में डालता है। कबीर कहते हैं कि सद्गुरु के उपदेशों के सत्य ज्ञान का अनुसरण करने पर मन वाह्य संसार की ओर आकर्षित नहीं होता, तब मन के अंदर की माया मर जाती है।

तन का बैरी कोई नहीं, जो मन सीतल होय।
तूं आपा को डारि दे, दया करे सब कोय ॥

–संत कबीर

यदि तेरा मन राग-द्वेष से रहित होकर शीतल हो जाए, तो इस जगत में तेरा कोई भी शत्रु नहीं है। तू अपने सब अभिमान त्यागकर सहज-सरल हो जा। फिर सभी तेरे साथ दया और प्रेम का मधुर व्यवहार करेंगे।

मन चलता तन भी चलै, ताते मन को घेर।
तन मन दोऊ बसि करै, होय राई सुमेर ॥

–संत कबीर

मन से ही तन प्रभावित होता है। जब मन किसी विषय से आकर्षित होकर सक्रिय होता है, तो यह शरीर भी चलायमान हो जाता है, इसीलिए सदैव मन को वश में रखना चाहिये। यदि तन और मन दोनों को वश में कर लिया जाए, तो इस थोड़े से समय में होने वाली संयम-साधना का विशेष परिणाम, लाभ पाया जा सकता है।

मन पंखी बिन पंख का, जहां तहां उड़ि जाय।
मन भावे ताको मिले, घट में आन समाय ॥

–संत कबीर

मनरूपी यह पक्षी तो बिना पंखों का है, किंतु फिर भी यह इतना विचित्र है कि बिना पंखों के ही यह यहां-वहां उड़ता रहता है। किसी से भी मिलकर ये तुरंत ही अपने घट या शरीर में समा जाता है।

कबीर लहरि समुद्र की, केतो आवै जाहिं।
बलिहारी वा दास की, उलटि समावै मांहिं ॥

–संत कबीर

कबीर कहते हैं कि समुद्र की असंख्य चंचल लहरों के समान मनोवृत्तियां होती हैं, जो लहरों की भांति आती-जाती रहती हैं, जिन्हें रोकना व पकड़ना बहुत ही कठिन है, लेकिन सद्गुरु का प्यारा दास भक्त धन्य है, जो इन्हें उलटकर निज स्वरूप में लीन कर लेता है।

यह मन नीचा मूल है, नीचा करम सुहाय।
अमृत छाड़े मान करि, विष्हि प्रीत करि खाय ॥

–संत कबीर

यह मन बहुत ही निम्न श्रेणी का है। इसकी जड़ अधम विषय-वासनाओं में डूबी हुई है, इसलिए इसे दुष्कर्म ही सुहाते हैं। जब सम्मान-स्नेह से अमृतरूपी सत्संग-ज्ञान प्राप्त होता है, तो यह विषयरूपी भोगों को त्याग देता है।

स्वामी विवेकानंद कहते हैं–

– शरीर और मन एक-दूसरे पर निर्भर हैं।
– शरीर मृतक है और मन भी मृतक है।
– मन के दुःख, शरीर के दुःख से अधिक कड़ुआ होता है।
– मन के सुख, शरीर के सुखों से श्रेष्ठ होते हैं।
– ऐसी सोच और कल्पना कि हम शरीर हैं, सारी बुराइयों की जड़ है।

स्थितप्रज्ञ (जिसकी बुद्धि स्थिर या सम हो) की व्याख्या करते हुए भगवान श्रीकृष्ण कहते हैं, 'आत्मन्येवात्मना तुष्ट' अर्थात् आत्मा से आत्मा में तुष्ट होना। विचारणीय है कि संतोष या सुख-दुःख किसी बाहरी कारण से नहीं, बल्कि अपने अंतर के प्रवृत्ति से ही चालित होते हैं। यदि बाहरी कारणों से ही सुख-दुःख मिलता होता तो हमें ऐसा देखने को नहीं मिलता कि भौतिक दृष्टि से सब कुछ प्राप्त किया हुआ (शरीर के आराम के लिए सारी आवश्यकताओं से संपन्न) एक मनुष्य तो अत्यंत असंतुष्ट और विकल रहता है और सब प्रकार से दीन-हीन (अत्यंत गरीब जिसे मात्र दो वक्त की रोटी नसीब होती है) दूसरा मनुष्य सुखी और मस्त। शरीर को आराम मिले तब भी मन दुःखी रह सकता है।

श्री श्री रविशंकर कहते हैं,

मन को जिस काम के लिए जितना मना करो, मन उतना ही उस काम को करना चाहता है। इसलिए मन को मना मत करो। जो मन कर रहा है करने दो, बस आप शरीर से नहीं करना।

जब हम दुःखी होते हैं तो मन में रहते हैं। जब हम सुखी होते हैं तो आत्मा में रहते हैं। मन का स्वभाव है दुःखी होना और आत्मा का स्वभाव है खुश रहना। आनंद में रहना।

मन हमेशा नीचे की ओर गलत काम या विषय वासनाओं में जाता है। मन को मारो नहीं सुधारो, साफ करो। जब मन साफ होता है तो भक्ति, निष्ठा और प्रेम का उदय होता है। मन को अपने आप में लगाओ, बाहर नहीं लगने दो क्योंकि बाहर लगने से दुःख ही होगा। ध्यान से मन शांत होता है, स्थिर होता है। हमें ध्यान करना चाहिये। जब मन शांत होगा, तो आत्मा का दर्शन होगा। जिस तरह जब तालाब का पानी स्थिर, शांत होता है तो हमारा प्रतिबिंब उसमें दिख जाता है।

37

भोजन और मन

जैसा भोजन खाइए, तैसा ही मन होय।
जैसा पानी पीजिए, तैसी बानी होय॥
–संत कबीर

कबीर कहते हैं जैसा भोजन करोगे, वैसा ही मन का निर्माण होगा और जैसा पानी पीओगे, वैसी वाणी होगी। अर्थात् शुद्ध, सात्त्विक आहार तथा पवित्र जल से मन और वाणी पवित्र होते हैं, इसी प्रकार जो जैसी संगति करता है, उसका जीवन वैसा ही बन जाता है।

आयुः सत्त्वबलारोग्यसुखप्रीतिविवर्धनाः।
रस्याः स्निग्धाः स्थिरा हृद्या आहाराः सात्त्विक प्रियाः॥
कट्वम्ललवणात्युष्णतीक्ष्णरूक्षविदाहिनः॥
आहारा राजसस्येष्टा दुःखशोकामयप्रदाः॥
यातयामं गतरसं पूति पर्युषितं च यत्।
उच्छिष्टमपि चामेध्यं भोजनं तामसप्रियम्॥
–गीता (17/8.9.10)

सार–भोजन का स्वास्थ्य तथा मन के स्वभाव के साथ अत्यंत घनिष्ठ संबंध है। मनुष्य जैसा आहार लेता है, वैसा ही स्वास्थ्य और मन का स्वभाव बन जाता है। यह भी एक तथ्य है कि मनुष्य अपने स्वभाव के अनुसार ही आहार लेना पसंद करता है। सात्त्विक मनुष्य को सात्त्विक आहार, राजसी मनुष्य को राजसी आहार तथा तामसी मनुष्य को तामसी आहार प्रिय होता है। श्रीकृष्ण तीनों आहारों के विस्तृत वर्णन द्वारा यह संकेत कर रहे हैं कि मनुष्य को सात्त्विक आहार ग्रहण करना चाहिये तथा राजस और तामस का परित्याग करना चाहिये। विवेकशील मनुष्य ग्राह्य वस्तु का ग्रहण तथा त्याज्य वस्तु का त्याग करता है।

सात्त्विक भोजन रसयुक्त होता है जैसे फल, रेशेवाले शाक और दाल जो सुपाच्य एवं पोषक होता है। स्निग्धता (चिकनाई) से भोजन स्वादिष्ट एवं पोषक बन जाता है। गाय का दूध और घी की चिकनाई श्रेष्ठ होती है। इसके अलावा चावल, गेहूं, मधु, खीर, गुड़ इत्यादि सात्त्विक आहार हैं। भोजन करते समय मन को प्रसन्न रखने से भोजन सुपाच्य एवं पोषक हो जाता है। सात्त्विक आहार से अंतःकरण की शुद्धि होती है और विचारशक्ति भी तीव्र होती है। यह भोजन दीर्घ जीवन, चित्त की स्थिरता, शारीरिक बल तथा आरोग्य प्रदान करता है। सात्त्विक भोजन से मन में तृप्ति का सुखद अनुभव होता है। ऐसा सात्त्विक भोजन करने वाले मनुष्य तनावमुक्त रहते हैं।

राजसी भोजन, अति कटु (बहुत कड़ुवे), अति अम्ल (बहुत खट्टे), अति लवण (बहुत नमकीन, खारे) अति उष्ण (बहुत गर्म), अति तीक्ष्ण (बहुत तीखे, चटपटे), अति रूक्ष (बहुत रूखे), अति विदाही (बहुत जलन उत्पन्न करने वाले) होते हैं। ऐसा राजसी आहार दुःख, तनाव, अशांति और रोग उत्पन्न करता है तथा मन में काम, क्रोध और लोभ की भावना को बढ़ाता है। राजसी मनुष्य स्वाद के लिए भोजन करते हैं तथा शरीर की पोषण की उपेक्षा करते हैं।

तामसी भोजन का एक प्रहर व्यतीत होने के बाद पोषक तत्व घट जाता है। रसहीन अर्थात् रूखा भोजन, पौष्टिक नहीं होता तथा आलस्य उत्पन्न करता है। दुर्गंधयुक्त, गले-सड़े या बासी भोजन रोगकारक होते हैं तथा इसके अलावा जूठा भोजन, मांस, मदिरा, भांग, तंबाकू, अफीम इत्यादि अपवित्र आहार तामसी भोजन हैं। यह आहार मनुष्य को आलसी बनाता है तथा नशे में रखता है। ऐसा भोजन मन को दूषित करता है और दूषित मन तनावयुक्त रहता है।

छान्दोग्योपनिषद् में भोजन के बारे में कहा गया है कि जो हम भोजन करते हैं, वह तीन हिस्सों में परिवर्तित हो जाता है। सबसे स्थूल या भारी हिस्सा मल बनता है, मध्य घनत्व वाले हिस्से से हमारी चमड़ी बनती है और सूक्ष्म हिस्से से हमारा मन बनता है।

मन को भिन्न-भिन्न प्रकार का स्वाद चाहिये, भिन्न-भिन्न प्रकार का भोजन चाहिये। यदि खाने-पीने की दावत मिले, तो मन हमेशा तैयार रहता है। इसी संदर्भ में कबीर कहते हैं–

कबीर यह मन लालची, समझे नहीं गंवार।
भजन करन को आलसी, खाने को तैयार॥

–संत कबीर

कबीर कहते हैं कि यह मन बहुत लालची है। यह ऐसा मूढ़ गंवार है कि वास्तविक सत्य को नहीं समझता। ध्यान-भजन करने के लिए तो इस पर आलस्य छाया रहता है, परंतु खाने-पीने के लिए यह प्रति क्षण तैयार रहता है।

हमारे मन का उन व्यक्तियों से लगाव हो जाता है, जिनसे हम भोजन प्राप्त करते हैं। जब आप किसी दोस्त के साथ कुछ समय के लिए रहते हैं तथा साथ भोजन करते हैं, तो आपका लगाव उस दोस्त के साथ हो जाता है।

उपवास लेना शरीर और मन के लिए अच्छा है। उपवास में शरीर की शक्ति आंतरिक शुद्धि में लग जाती है और यंत्रों को आराम मिल जाता है। उपवास से मन पर भी संयम होता है। अपने आपको नियम में बांधने का यह पहला कदम है। उपवास के समय मन की चंचलता कम हो जाती है। लेकिन अधिक उपवास नही लेने चाहिये, उतना ही लेने चाहिये जितना शरीर आसानी से स्वीकार कर ले। नमक का प्रयोग कम करने से मन की चंचलता कम होती जाती है तथा मन शांत होता है।

भोजन प्राण-रक्षा के लिए आवश्यक है, किंतु आवश्यक मात्रा से अधिक भोजन करने से मनुष्य आलसी, रोगी तथा तनावयुक्त रहता है। इसी प्रकार भोजन का सर्वथा त्याग शरीर को दुर्बल तथा मन को व्यग्र बना देता है।

हमें जीने के लिए भोजन ग्रहण करना चाहिये, भोजन के लिए नहीं जीना चाहिये। चाय तथा कॉफी उपविष है, भोजन नहीं है। उदर का आधा भाग भोजन से, तृतीय जल से भरना चाहिये और चतुर्थ को वायु-संचार के लिए रिक्त छोड़ना चाहिये।

भोजन कब करें? भोजन तभी करें, जब भूख लगे। केवल उतना ही खाना चाहिये जितने से भूख शांत हो जाए। सात्त्विक भोजन करें। भोजन करते समय मन भोजन की ओर एकाग्र रहना चाहिये। जब तक पहले ग्रास को पूरी तरह न चबा लें, दूसरा ग्रास मुख में न डालें। भोजन शांतिपूर्वक उस समय करें, जब आप हड़बड़ी में न हों और मनचाहा समय भोजन में लगा सकें।

भोजन कब न करें? सोने के बाद तुरंत उठकर मत खाइए। जब मन चिंतित, क्रोधित अथवा शोकातुर हो तब भोजन न करें। ऐसी कोई चीज़ हरगिज न खाएं, जिसे खाने की आपकी इच्छा न हो। कोई भी उबलती सी या बर्फ जैसी ठंडी चीज़ गले से नीचे न उतारें, यदि खानी ही हो तो उसे बहुत धीरे-धीरे खाएं।

कबीर कहते हैं कि दूसरों को सात्त्विक भोजन कराना सत्कर्म है–

खास पकाय लुटाय ले, यह मनुवा मिजमान।
लेना हो सो लेइ ले, यही गोय मैदान॥

–संत कबीर

स्वयं पकाओ, खाओ तथा दूसरों को दान-पुण्य कर लुटा दो (सेवा करो)। यह मन तो मेहमान के समान है, इसे किसी भी क्षण चल देना है, अतः यहां से जो भी लेना है, सो ले लो। संसाररूपी मैदान में शरीररूपी यह गेंद न जाने किस ओर लुढ़क जाए, अर्थात् जो सत्कर्म करना चाहो वह कर डालो। ऐसा निष्काम कर्म आपको तनाव-मुक्त संतोष देगा।

38 मन और ध्यान

मन भी शरीर की तरह अपने आपमें निर्जीव है। मन आत्मा के संपर्क से चेतना, प्रकाश, स्फूर्ति, स्पंदता और गतिशीलता प्राप्त करता है। मन और आत्मा का संबंध उस समय से चला आ रहा है, जब आत्मा धुर धाम से (श्रेष्ठ धाम से) उतरकर नीचे के कारण, सूक्ष्म और स्थूल मंडलों में आई। जिस प्रकार मन आत्मा की सहायता से कार्य करता है, उसी प्रकार इस संसार में आकर आत्मा भी मन पर निर्भर हो गई है, क्योंकि इस स्थूल संसार में कार्य करने के लिए उसे मन का आसरा लेना पड़ता है। इस स्थूल में आकर मन भी स्वतंत्र नहीं है। विषयों की चाव की वजह से यह इंद्रियों का गुलाम बन गया है। कबीर कहते हैं कि मन विषयों को नहीं छोड़ता और विषय मन को नहीं छोड़ते, दोनों ही जीवात्मा पर पूरी तरह छा गए हैं। कर्मों का मन से संबंध है। अपनी इच्छा, अपनी तृष्णा और वासना की पूर्ति के लिए मन शरीर से लगातार कर्म कराता रहता है। अपने किए कर्मों के फल भोगने के लिए इसे बार-बार संसार में आना पड़ता है। इसकी तृष्णाएं और कर्म इसे ऊंची-नीची योनियों में ले जाते हैं। मन के साथ बंधी होने के कारण आत्मा को भी बार-बार उसके साथ आना पड़ता है तथा विभिन्न योनियों में भटकना पड़ता है। मन ही मनुष्य के मोक्ष तथा बंधन का कारण है।

मन में बैठी माया ही मन को भटकाती है। मन और माया दोनों में अद्भुत एकता होती है। मन की चंचलता के कारण मन माया से बंध जाता है। माया से मुक्ति के लिए मन की चंचलता को मारना आवश्यक है। मन माया से छूटने पर मन अपने स्वामी आत्मा में लीन हो जाता है तथा इंद्रियां भी अपने स्वामी मन का अनुसरण कर शांत हो जाती हैं। इस तरह मन वश में होने से संसार में जन्म- मरण के चक्कर से मुक्ति मिलती है। ऐसी मुक्ति सद्गुरु के आशीर्वाद और शब्द-ज्ञान से प्राप्त करना चाहिये।

मन के मारे बन गए, बन तजि बस्ति माँहिं।
कहैं कबीर क्या कीजिए, यह मन ठहरै नाहिं॥

–संत कबीर

मन से हारकर, परेशान होकर हम वन में गए, परंतु वहां भी यही स्थिति रही और जंगल त्यागकर फिर अपने गांव-बस्ती में आ गए। कबीर कहते हैं कि हम क्या करें? यह मन बहुत ही प्रबल है। यह कहीं भी स्थिर नहीं रह पाता।

मन पांचौं के बस पड़ा, मन के बस नहिं पांच।
जित देखूं तित दौं लगी, जित भांगू तित आंच॥

–संत कबीर

मन पांचों ज्ञानेंद्रियों अथवा इनके पांचों विषयों के अधीन है, परंतु मन के वश में ये पांचों नहीं हैं। जिधर भी देखता हूं, उधर ही विषयों की आग लगी हुई है और इससे बचने के लिए जिधर भी दौड़ता हूं, वहीं पर आंच सताने लगती है।

दौड़त दौड़त दौड़िया, जेती मन की दौर।
दौड़ि थके मन थिर भया, वस्तु ठौर की ठौर॥

–संत कबीर

जहां तक मन की कल्पनाएं थीं, वहां तक बहुत दौड़ लगाई, परंतु सब कुछ व्यर्थ गया। जब दौड़ते-दौड़ते थक गया और मन शांत-स्थिर हुआ, तो पता चला कि जिसके लिए अब तक दौड़ होती रही, वह अनमोल वस्तु तो अपने ही पास है, अर्थात् हमें नित्य चेतन अविनाशी-आत्मस्वरूप प्राप्त है, इसे और कहीं खोजना संभव नहीं है।

मन के मते न चालिए, मन के मते अनेक।
जो मन पर असवार है, सो साधू कोइ एक॥

–संत कबीर

मन के चक्कर में पड़कर इसके मत-मार्ग पर न चलो, क्योंकि इसके एक नहीं अनेक मत हैं, परंतु जो अपने मन को वशीभूत करके उस पर सवार हो गया, वह कोई विरला सच्चा साधक ही होगा।

यह मन हरि चरणे चला, माया-मोह से छूट।
बेहद माहीं घर किया, काल रहा शिर कूट ॥

–संत कबीर

माया मोह के बंधन से छूटकर, अब यह मन सद्गुरु परमात्मा की शरण में चला गया है। सद्गुरु की कृपा से इसने आत्म स्वरूप को पहचान कर उसे अपना घर बना लिया है, अर्थात् अंतर्मुखी होकर ध्यान में स्थिर हो गया है। अब काल भी अपना सिर पटकता रहेगा, किंतु वह भी इसका कुछ नहीं बिगाड़ सकता।

ध्यान हर एक के लिए परमावश्यक है। मन को साधने के लिए पूजा, कीर्तन, जप, हवन, यज्ञ, कर्म, तप आदि बहुत से साधन हैं, पर ध्यान इनमें सबसे श्रेष्ठ है। मन को साधना बहुत कठिन माना जाता है। कुछ दिनों में सफलता मिल जाए ऐसी बात नहीं। लगातार अभ्यास, वैराग्य व पक्के इरादे से बड़ी आसानी से साधा जाता है। ध्यान मन की चाबी है। जितना ध्यान परिपक्व होता जाता है, उतनी मन की सफाई होती है। मन की परतें खुलती जाती हैं, मन के संस्कार धुलते जाते हैं और मन निर्मल बनता जाता है। मनोविज्ञान के अचेतन मन (Unconcious mind), अवचेतन मन (Sub-Concious mind), चेतन मन (Concious mind) से ही ऊर्ध्वचेतन मन (Super Concious mind) का विकास होता है। ध्यान मन की शक्तियों को बरबाद होने से बचाता है। ध्यान से मन की उछल-कूद खत्म होती है। इससे मन को विश्राम मिलता है तथा मन की एकाग्रता बढ़ती है। ध्यान परिपक्व होने पर मन व बुद्धि की सोई हुई शक्तियां जगने लगती हैं। ध्यान, मन की चंचलता को मिटा देता है तथा मन को वर्तमान में लाता है। मन की रुचि भूतकाल और भविष्यकाल में होती है, क्योंकि वहां घूमने का बहुत स्थान है। मन भूतकाल की क्षतियों, शोकों और भविष्य की चिंताओं को सोच-सोचकर ख्यालों में खोया रहता है तथा तनावयुक्त रहता है। ध्यान मन को एक दायरे में बांधता है, उसे दिशा दे देता है। इसीलिए ध्यान वर्तमान में रहने की कला है। ध्यान हर एक के लिए जरूरी है। संन्यासी, गृहस्थी, विद्यार्थी, नौकरी करने वाले को, व्यवसाय करने वाले को, हर पुरुष और महिला को ध्यान से लाभ मिलेगा। ध्यान स्वस्थ और रोगियों के लिए भी जरूरी है। 10-15 मिनट का ध्यान प्रतिदिन करना चाहिये।

ध्यान कैसे करें? स्थान–शुद्ध, हवादार (तेज हवा नहीं), एकांत व विघ्नरहित होना चाहिये। नित्य एक ही स्थान हो, तो ज्यादा अच्छा रहता है, सूर्योदय से करीब ढाई घंटे पूर्व का समय उपयुक्त होता है। आसन–पद्मासन, सिद्धासन, सुखासन या वज्रासन में बैठें। सिर का पिछला भाग, गर्दन व रीढ़ की हड्डी एक

लाइन में हों। शरीर को तनावमुक्त करें। आंखें आराम से बंद। शरीर हिलना नहीं चाहिये।

सवेरे के अलावा रात को सोने से पहले हाथ-पैर-मुंह धोकर वज्रासन में बैठकर कुछ मिनट ध्यान करें। मन शांत होगा। नींद अच्छी आएगी। तभी हम प्रसन्न रह सकेंगे। जब प्रसन्नता बनी रहेगी, तो धीरे-धीरे आनंद का रूप ले लेगी। आनंद में रहने का दूसरा नाम परमात्मा में रहना है। ध्यान के अभ्यास के लिए योगियों, ऋषियों तथा महात्माओं ने अनेक विधियों की चर्चा की है। जिस विधि पर हमें विश्वास और श्रद्धा हो, वह करना चाहिये। उचित गुरु से दीक्षा लेकर ध्यान करना सर्वोत्तम है।

कबीर कहते हैं कि मन को ध्यान द्वारा ही बांधा जा सकता है–

कबीर मन भरकट भया, नेक न कहुं ठहराय।
राम नाम बांधे बिना, जित भावै तित जाय॥

–संत कबीर

कबीर कहते हैं कि यह मन तो बंदर की भांति अति चंचल है, तनिक समय भी कहीं स्थिर नहीं रह पाता। मन अति तीव्रगामी है, क्षण भर में न जाने कहां से कहां पहुंच जाता है। जब तक इसे ध्यान से अंतर्यामी राम-नाम की ज्ञानरूपी जंजीर से नहीं बाधा जाएगा, तब तक यह उड़ता ही रहेगा। स्वच्छंद रूप से इसे जहां अच्छा लगेगा, वहीं जाता रहेगा।

ध्यान के कई रूप हैं, जैसे–विपश्यना, आसन और प्राणायाम। ऐसी क्रिया करते वक्त मन बाहर नहीं जाता। विचार-दर्शन, विचार-सर्जन (विचार एक के बाद एक लाना, हटाना फिर निर्विचार रहना), विचार-विसर्जन (स्वतः विचारों को एक के बाद एक आने देना, हटाते जाना फिर निर्विचार रहना), त्राटक, चक्रों पर ध्यान, जप-सुमिरन, भजन-कीर्तन, सत्संग, सगुण तथा निर्गुण ध्यान इत्यादि।

महर्षि पतंजलि ने कहा है–

तत्र प्रत्यैकतानता ध्यानम।

–विभूति पाद (2)

अर्थात् जहां चित्त को लगाया जाए, उसी में वृत्ति का एकतार चलना 'ध्यान' है।

सार–धारणा में चित्त को किसी एक स्थान पर स्थिर किया जाता है, उसी को ध्यान कहते हैं। उस धारणा में एकतानता को ध्यान कहते हैं। ध्यान में विचारों

का प्रवाह बंद हो जाता है तथा वृत्ति का प्रवाह केवल ध्येय मात्र की तरफ ही हो जाता है। अन्य कोई वृत्ति नहीं उठती। धारणा से जहां मन की शुद्धि होती है, वहां ध्यान से अस्मिता (मैं हूं पन) का सुधार होता है। ध्यान के स्थिर होने पर साधक का अहंकार 'मैं' गिर जाता है तथा केवल 'हूं' ही शेष रह जाता है, जिसका लय समाधि में होता है।

योगी युञ्जीत सततमात्मानं रहसि स्थितः।
एकाकी यतचित्तात्मा निराशीरपरिग्रहः॥

–गीता (6/10)

अर्थात् मन तथा इंद्रियों सहित अपने को वश में रखने वाला, कामना से युक्त और अपरिग्रही, योगी (ध्यानयोगी) अकेला ही एकांत स्थान में स्थित होकर अपने मन को निरंतर ध्यान द्वारा परमात्मा में एकाग्र करे। चित्त को आत्मा में समाहित करने का अभ्यास करे।

सार–ध्यानयोग प्रत्येक साधना का आवश्यक अंग है। किसी भी मार्ग (कर्म, भक्ति अथवा ज्ञान) की सफलता के लिए ध्यानयोग का अवलंबन नितांत आवश्यक होता है। भौतिक जगत के क्षणिक विषयसुखों से मन की गहरी तृप्ति नहीं होती तथा मनुष्य शाश्वत आनंद की खोज करता रहता है। मनुष्य ध्यान साधना के द्वारा आत्मानंद के अतुलनीय दिव्यरस का आस्वादन करके परितृप्त हो जाता है तथा विषयों से निवृत्त हो जाता है। भीतर आत्मतत्त्व के दिव्य रूप, रस, गंध, शब्द, स्पर्श का भान होने पर जगत्प्रपंच के रूप, रस आदि फीके प्रतीत होने लगते हैं तथा उनका प्रलोभन छूट जाता है। वास्तविक सुख इंद्रियातीत होता है। ध्यान द्वारा मनुष्य अपने स्वरूप को खोजकर सुखी जीवन का रहस्य जान लेता है। इंद्रियों के वाह्य स्पर्शों से ऊपर उठकर अपने भीतर ब्रह्म-संस्पर्श करना ध्यान का चरम लक्ष्य है।

प्रारंभ में ध्यान का अभ्यास एकांत (जनहीन) स्थान में तथा अकेले ही करना उचित होता है। आध्यात्मिक साधना के लिए एकांत का असाधारण महत्त्व है। एकांत में वाह्य वस्तुओं का विघ्न न्यून हो जाता है तथा मनुष्य अपने भीतर झांककर देख सकता है। एकांत में आत्मनिरीक्षण द्वारा मनुष्य अपने आंतरिक विकारों को जान सकता है, जो चित्त की एकाग्रता में बाधक होते हैं तथा उनके निराकरण का उपाय कर सकता है। मनुष्य सारा समय दूसरों के साथ व्यतीत करता है तथा वह दूसरों की ही बातें सुनता है। मनुष्य को एकांत में अकेले ही कुछ समय अपने साथ भी व्यतीत करना चाहिये तथा अपनी बात भी सुननी चाहिये। वास्तव

में मनुष्य को ध्यानादि आध्यात्मिक साधना एकांत में ध्यान का अभ्यास कर सकते हैं, यद्यपि प्राकृतिक शांत पर्यावरण अधिक अनुकूल होता है। श्रीकृष्ण इस तथ्य पर भी बल देते हैं कि ध्यान का अभ्यास नियमित रूप से तथा नित्यप्रति होना चाहिये।

ध्यानयोग की सफलता के लिए अंतःकरण तथा देह का संयत (नियंत्रित एवं स्वस्थ) होना आवश्यक है। अंतःकरण (मन, बुद्धि, चित्त और अहंकार) का संयम ध्यान की सफलता में अत्यंत आवश्यक होता है। धारणा, ध्यान और समाधि योग के अंतरंग साधन होते हैं, जिनके द्वारा अंतःकरण को (विशेषतः चित्त को) आत्मा में स्थिर किया जाता है। मनुष्य अंतर्मुखी होकर ध्यान के दिव्य सागर में प्रविष्ट हो जाता है।

कामना से उत्पन्न वासनापूर्ण आशाएं ध्यान साधना में बाधक होती हैं। ध्यानयोग का साधक मन को विचलित करने वाली भौतिक कामनाओं का परित्याग कर देता है। कामना तथा उससे उत्पन्न होने वाली भौतिक आशाएं मन को स्थिर नहीं होने देतीं। ध्यानयोगी के लिए कामनाओं पर नियंत्रण अत्यंत आवश्यक होता है। भौतिक पदार्थों के प्रति ममता और उनके संग्रह करने का लोभ मन को चलायमान कर देता है। वास्तव में वस्तुओं में दोष नहीं होता, बल्कि उनका ममतापूर्ण संग्रह करना अथवा उनके प्रति लोभ दृष्टि होना दोषमय होता है। अपरिग्रह का वास्तविक अर्थ अनासक्ति अर्थात् निर्लोभता एवं अधिकार की लालसा से मुक्त होना है। ध्यानयोग का गृहस्थ साधक वस्तुओं का त्याग नहीं करता, बल्कि उनके प्रति ममत्व एवं लोभ का त्याग कर देता है। वास्तव में वस्तुओं के मर्यादित भोग में दोष नहीं है, बल्कि भोग-वृत्ति अथवा भोग वासना त्याज्य है। मनुष्य मन और देह के अनुशासन एवं संयम द्वारा चेतना को समेटकर परमात्मा में समाहित करके दिव्यता का आनंद प्राप्त कर सकता है।

39 भक्ति और सुमिरन

भक्ति सोई जो भाव सों, इक मन चित्त को राख।
सांच शील सो खेलिए, मैं तै दोऊ नाख॥
—संत कबीर

भक्ति उसी को कहा जाता है, जो प्रेमपूर्वक, निष्काम भाव और एकाग्र चित्त से की जाए। इसमें तेरे-मेरे का अहंकार तथा भेद नहीं होना चाहिये। इसमें मन और चित्त की चंचलता सर्वाधिक बाधक है, अतः इस पर संयम रखना चाहिये।

मां च योऽव्यभिचारेण भक्तियोगेन सेवते।
स गुणान्समतीत्यैतान्ब्रह्मभूयाय कल्पते॥
—गीता (14/26)

भगवान श्रीकृष्ण गीता में कहते हैं कि जो पुरुष मुझे अनन्य भक्तियोग से भजता है, वह तीनों गुणों को भली-भांति पार कर सच्चिदानन्दघन परब्रह्म को प्राप्त होने के योग्य हो जाता है।

सार—ज्ञानमार्गी साधक निर्गुण-निराकार चैतन्यस्वरूप परब्रह्म को प्राप्त करने के लिए ब्रह्म-संबंधि वेद महावाक्यों (तत त्वं असि, अहं ब्रह्म अस्मि इत्यादि) का चिंतन, मनन, निदिध्यासन करने से वैराग्य-भाव के उदित होने पर 'ब्रह्म ही सत है, भीतर और बाहर सब कुछ ब्रह्म ही है' ऐसा अनुभव करते हैं तथा कालांतर में चित्त वृत्ति के ब्रह्माकार होने पर परम दिव्य चैतन्यस्वरूप परब्रह्म के साथ ऐक्य की दिव्यानुभूति करते हैं। प्रकृति जड़ है, सर्वत्र प्रकृति के गुणों का खेल चल रहा है और इससे परे परब्रह्म परमात्मा ही सत्य है—ऐसा ज्ञान होने पर मनुष्य प्रकृति के गुणों को लांघ जाता है और त्रिगुणातीत कहलाता है। त्रिगुणातीत पुरुष परब्रह्म स्वरूप को प्राप्त हो जाता है अर्थात् परमात्मा के साथ अभिन्न (एकरूप) हो जाता है।

जबकि भक्त भी अनन्य भक्ति द्वारा प्रकृति के तीनों गुणों को पार करके परमात्मा को प्राप्त कर लेता है। अनन्य भक्ति मनुष्य के अहंकार को विगलित कर देती है। वास्तव में, अहंकार का दिव्यीकरण होना ही उसका विगलित होना है। भगवान का भक्त अंतर्यामी प्रभु को मन मंदिर में आसीन करके उसे ही अपना सर्वस्व मानकर, उसकी प्रेरणा के अनुसार कर्म करता है, उसे ही कर्म समर्पित कर देता है। भक्त कभी अकेला नहीं रहता तथा कभी असहाय भी नहीं होता। भक्त प्रभु से कहता है–मैं आपका हूं, आप मेरे हैं। सगुण ब्रह्मस्वरूप परमेश्वर की अनन्य भक्ति चित्त को निर्मल कर देती है तथा निर्मल चित्त में अनायास (बिना प्रयास, स्वतः) तत्वज्ञान का उदय हो जाता है। तत्वज्ञानी को कठिनता से प्राप्त होने वाली अवस्था भक्त को सरलता से प्राप्त हो जाती है। ज्ञान मार्ग द्वारा परंब्रह्म परमात्मा में निरंतर संस्थित रहना कठिन है, परंतु भक्ति द्वारा प्रभु के साथ निरंतर संयुक्त रहना सुगम है।

ज्ञान और भक्ति परमात्मा प्राप्ति के लिए वैकल्पिक साधन हैं तथा मनुष्य अपनी रुचि और क्षमता के अनुसार ज्ञान अथवा भक्ति का आश्रय लेकर भगवत प्राप्ति कर सकता है। भगवान श्रीकृष्ण ज्ञान का उपदेश देने के पश्चात् अनन्य भक्ति की महिमा का वर्णन करते हुए कहते हैं कि भगवान अनन्य भक्ति द्वारा अत्यंत सुलभ हैं। अनन्य भक्ति द्वारा सहज ही जीवात्मा और परमेश्वर के एकत्व का बोध हो जाता है।

कबीर कहते हैं कि भक्त का लक्ष्य मोक्ष प्राप्त करना होता है। सद्गुरु के चरणों की सेवा, उनके उपदेशों का पालन, सत्संग और सुमिरन भक्ति के रूप हैं। भक्त के जीवन में भक्ति इन्हीं रूपों से प्रवेश करती है। भक्ति किसी जाति, कुल विशेष तथा शिक्षा आदि से संबंधित नहीं हैं। भक्ति स्वंतत्र है। भक्त परमात्मा की सेवा में पूर्ण समर्पित रहता है। उसका अपना कुछ नहीं होता। उसके सभी कर्म, सभी उपलब्धियां परमात्मा की होती हैं। भक्त अपने जीवन यापन, देह रक्षा आदि के लिए भी परमात्मा पर निर्भर होता है। भक्ति कायरता और दुर्बलता का कार्य नहीं है। इसे पूरा करने के लिए भक्त को अपना सर्वस्व न्यौछावर करना पड़ता है। भक्ति परम पुरुषार्थ और वैराग्य का कठिन संकल्प है। भक्ति अविनाशी है, इसका बीज कभी नष्ट नहीं होता।

संसार मायामय बगीचा है, जिसमें काम, क्रोध, मोह, लोभ आदि विकारों के कांटे हैं। सामान्यजन इनमें उलझ-उलझकर मर जाते हैं। संसार के सारे सुख विषयाग्नि में जल जाते हैं। कबीर कहते हैं कि जीव के लिए इस नश्वर संसार

में कोई आश्रय नहीं है, सद्गुरु की भक्ति में ही उसे आश्रय प्राप्त होता है। भक्ति, दास्य भाव और प्रेम ये तीनों ही एक दूसरे के पूरक हैं। ज्ञान और वैराग्य भक्ति के दो अभिन्न अंग हैं। भक्ति के द्वारा भक्त ईश्वर की शक्ति तथा विषय के अंतर का ज्ञान प्राप्त करता है। यह ज्ञान प्राप्त कर वह विषय-सुखों को त्याग देता है।

कामी क्रोधी लालची, इनसे भक्ति न होय।
भक्ति करै कोई सूरमा, जाति वरन कुल खोय॥

–संत कबीर

कबीर कहते हैं कि जो विषय-वासना के भोगी एवं कामुक प्रकृति के हैं, क्रोध से जलते रहते हैं, लालची हैं, जो कभी दान-पुण्य न कर संग्रह करते रहते हैं, ऐसे लोगों से भक्ति नहीं हो सकती। अपनी जाति, वर्ण तथा कुल-परिवार का अहंकार त्यागकर भक्ति तो कोई पुरुषार्थी शूरवीर ही कर सकता है।

विषय त्याग बैराग है, समता कहिए ज्ञान।
सुखदायी सब जीव सों, यही भक्ति परमान॥

–संत कबीर

पांचों विषयों का त्याग ही वैराग्य है और भेदभाव से रहित सभी से समता का व्यवहार ज्ञान कहलाता है। संसार के सभी जीवों को सुख देने वाला आचरण तथा स्नेह, भक्ति का सत्य प्रमाण है। गुरुभक्त में इन सद्गुणों का समावेश होता है।

कबीर गुरु की भक्ति का, मन में बहुत हुलास।
मन-मनसा माजै नहीं, होन चहत है दास॥

–संत कबीर

कबीर कहते हैं कि गुरु की भक्ति करने का तो मन में बहुत उत्साह है, उल्लास है, परंतु अपने मन को, हृदय को तूने शुद्ध ही नहीं किया। उसमें जो विषय वासना की गंध, राग-द्वेष-ईर्ष्या आदि का मैल भरा पड़ा है, वह तूने यत्न से साफ नहीं किया और तू दास भक्त होना चाहता है, अतः ऐसा नहीं हो सकता।

प्रेम बिना जो भक्ति है, सो निज दंभ विचार।
उदर भरन के कारन, जन्म गंवाए सार॥

–संत कबीर

प्रेम के बिना जो भक्ति है, उसका कोई विचार नहीं। वह तो पाखंड है, प्रदर्शन मात्र है। ऐसी भक्ति अपना पेट भरने के कारण, स्वार्थ के कारण की गई है, उसके द्वारा इस अनमोल जन्म को नष्ट करना है। प्रेम ही भक्ति का आधार है, इसके बिना सब व्यर्थ है।

भक्ति-भक्ति सब कोई कहैं, भक्ति न जाने भेव।
पूरण भक्ति जब मिले, कृपा करे गुरुदेव॥

–संत कबीर

भक्ति की बात तो सब कोई कहते रहते हैं, परंतु इसको करना बहुत ही कठिन है। कोई भी इसके भेद को नहीं जानता। पूर्ण भक्ति तो तभी मिलती है, जब अपने सद्गुरुदेव प्रसन्न हों, आशीर्वाद दें और कृपा करके सत्यज्ञान प्रदान करें, ताकि मन के सभी संदेह, मलिन वासनाएं दूर हों और अंतर्मन में भक्ति का प्रकाश फैल जाए।

स्वामी विवेकानंद भक्ति के संदर्भ में कहते हैं–

- मन को साफ करना भक्ति का महान गुण है।
- घृणा का भाव भक्ति करने में सबसे बड़ी बाधा है।
- भक्ति का अभ्यास व्यक्ति कैसी ही अवस्था में कर सकता है।

सुमिरन मारग सहज का, सतगुरु दिया बताय।
सांस सांस सुमिरन करूं, एक दिन मिलसी आय॥

–संत कबीर

सुमिरन का बहुत ही सहज और सरल मार्ग है, वह सद्गुरु स्वामी ने बता दिया है। उस सहज उपाय से मैं सांस-सांस में परमात्मा का सुमिरन करता हूं, जिससे एक दिन मुझे उनके दर्शन प्राप्त होंगे, अर्थात् जप-तप-योग आदि क्रियाएं कठिन जान पड़ती हैं, परंतु सुमिरन प्रति क्षण ही सहज साधना है, जो भक्त को उसके लक्ष्य तक पहुंचा देता है।

भगवान के नाम, रूप, लीला, धाम, प्रभाव, चरित्र, तत्त्व आदि का स्मरण करते रहना सुमिरन है। सुमिरन, भक्ति की शांत सहज एवं रहस्यपूर्ण अद्भुत प्रक्रिया है। इस प्रक्रिया में भक्त की आत्मिक शक्ति पर विभिन्न प्रभाव पड़ते हैं। सुमिरन करने से दूसरों के प्रति वैर की भावना समाप्त होकर प्रेम, उदारता और कल्याण की भावना उत्पन्न होती है। इससे भक्त के व्यक्तित्व में परिवर्तन

आता है और वह भगवान का स्वरूप प्राप्त कर लेता है। सुमिरन से भगवान की उपस्थिति प्रमाणित होती है। सुमिरन में लीन व्यक्ति संसार से अलग-थलग होता है तथा उसे अपनी देह की भी चिंता नहीं होती। स्मरण या सुमिरन की शांत और मौन अवस्था, ध्यान के अज्ञात बल पर परमात्मा के रूप में परिवर्तित हो जाती है और भक्त को दर्शन देती है।

संसार में ईश्वर को प्राप्त करने के कई मार्ग हैं। सुमिरन का मार्ग उन सबसे सरल है। सुमिरन भक्त की वह शांत, सहज व रहस्यपूर्ण प्रक्रिया है, जिसे कोई अन्य देख-परख नहीं सकता। सुमिरन में भक्त को किसी भौतिक साधन की आवश्यकता नहीं पड़ती। यह साधक, भक्त की आंतरिक साधना है। यदि सुमिरन श्रद्धा, एकाग्रता और मनोयोग से न हो, तो साधक की विशिष्ट वेशभूषा प्रदर्शन मात्र रह जाती है। सुमिरन के लिए किसी निश्चित स्थान या समय की भी आवश्यकता नहीं होती है। सुमिरन, प्रभु को प्राप्त करने का सहज मार्ग है।

सुमिरन तू घट में करै, घट ही में करतार।
घट ही भीतर पाइए, सुरति शब्द भंडार॥

—संत कबीर

तू सुमिरन अपने घाट यानी हृदय के भीतर कर रहा है। इसी घाट के भीतर वह परमात्मा भी है। इसी घाट के भीतर तुझे सत्य-ज्ञान का अपार भंडार भी मिल जाएगा, अर्थात् जहां पर तू है, वहीं पर परमात्मा तथा उसके अलौकिक ज्ञान का भंडार है।

माला तो कर में फिरै, जीभ फिरै मुख माँहिं।
मनुवा तो चहुं दिशि फिरै, यह तो सुमिरन नाहिं॥

—संत कबीर

माला हाथ में घूम-फिर रही है और जीभ मुंह में घूम-फिर रही है, अर्थात् बोल-चाल आदि का व्यवहार चल रहा है। चंचल मन भी दिशाओं में भ्रमण कर रहा है। इसे सुमिरन नहीं कहा जा सकता। यह तो केवल पाखंड है, क्योंकि जब तक तन-मन-शांत स्थिर नहीं होंगे, तब तक सच्चा सुमिरन नहीं होगा।

तन थिर मन थिर वचन थिर, सुरति निरति थिर होय।
कहैं कबीर उस पलक को, कल्प न पावै कोय॥

—संत कबीर

कबीर कहते हैं कि जब तन स्थिर हो, मन स्थिर हो, मन शांत हो, वचन भी स्थिर हो तथा सभी वृत्तियां भी शांत हो जाएं और हम अपने आत्म स्वरूप में स्थिर हो जाएं, तो आत्म साक्षात्कार के उस अनमोल क्षण को कल्प (युग-युगांतर) भी नहीं पा सकते।

कबीर क्षुधा है कूकरी, करत भजन में भंग।
वाकूं टुकड़ा डारि के, सुमिरन करूं सुरंग॥

—संत कबीर

कबीर कहते हैं कि भूख कुतिया के समान है। इसके होते हुए भजन-साधना में बाधा होती है, अतः इसे शांत करने के लिए समय पर रोटी का टुकड़ा दे दो। फिर संतोष और शांति के साथ सुमिरन करो।

सुमिरन सुरति लगाय के, मुख ते कछु न बोल।
बाहर के पट देइ के, अंतर के पट खोल॥

—संत कबीर

चित्त को एकाग्र कर अंतर्यामी परमात्मा के सुमिरन में लगा दो और मुंह से कुछ मत बोलो। बाहर के द्वार बंद करके, अर्थात् तन-इंद्रियों को शांत कर, अनासक्त होकर भीतर हृदय के द्वार खोलो, अर्थात् अंतर्मुखी होकर अंदर-ही-अंदर ध्यान-साधना, सुमिरन करो।

ज्ञान कथे बकि बकि मरै, काहे करै उपाय।
सतगुरु ने तो यों कहा, सुमिरन करो बनाय॥

—संत कबीर

जिन्होंने अपनी चित्त-वृत्तियों पर रोक नहीं लगाई, अर्थात् जो चित्त को संयमित कर एकाग्र नहीं हुए, केवल इधर-उधर ज्ञान की बातों की बक-बक करते हुए मर गए। वे अपने कल्याण का कोई उपाय नहीं कर सके। सद्गुरु का यह आदेश है कि मनेंद्रियों का निग्रह करके सुमिरन-साधना करो।

कबीर हरि के नाम में, सुरति रहै करतार।
ता मुख से मोती झरे, हीरा अनंत अपार॥

–संत कबीर

कबीर कहते हैं कि जिसका ध्यान हरि ध्यान में एकाग्रचित्त होकर लग जाता है, उसके श्रीमुख से मोतियों जैसे मधुर शब्द ही झरते हैं। शांति और संतोष रूपी अनमोल हीरे उसके जीवन को सुशोभित करते हैं आध्यात्मिक जीवन होने से उसमें सद्गुणों की उत्पत्ति होकर सुगंध झरने लगती है।

40

गुरु और शिष्य

ईश्वर गुरुओं का भी गुरु है, लेकिन ईश्वर से आपको गुरु ही मिला सकता है। व्यक्ति के अज्ञान को केवल गुरु ही दूर कर सकता है। इस संसार में लगभग सभी लोग आत्मज्ञान के अभाव से ग्रस्त हैं। इस संसार में विषय-भोगों के कारण प्रत्येक मनुष्य के जीवन में अशांति छाई हुई है। इसमें दुःख अधिक हैं, सुख बहुत कम। दुःख सभी को घेरता है, चाहे वह राजा हो या रंक। दुःख कई प्रकार के हैं–रोग, बुढ़ापा और मृत्यु। इन वास्तविक दुःखों की अनुभूति सबको होती है। दूसरे तरह के दुःख माया से उत्पन्न होते हैं–जैसे अधिक खा लेने पर भी असंतुष्ट या कम खाने पर भूखे रह जाने का दुःख, बहुत स्वाद और रस लेकर बेस्वाद एवं नीरसता का दुःख, दूसरे भौतिक दृष्टि से संपन्न हो रहे हैं, पर हम नहीं हो रहे हैं, नाना प्रकार की इच्छाओं का पूरा न होने का दुःख, इत्यादि। यह माया सभी को जलाती है। सभी माया से मुक्त होना चाहते हैं। इससे सभी अशांत हैं, परंतु किसी भी सांसारिक उपभोग या साधन द्वारा इस अशांति को दूर नहीं किया जा सकता। यह अशांति या तनाव केवल आत्मज्ञान से मिट सकती है। जब तक आत्मज्ञान का प्रकाश न मिलेगा, जीव भ्रम व संदेह में खोया हुआ भटकता ही रहेगा। आत्मज्ञान पाने का एक ही उपाय है–गुरु की शरण।

गुरु गोविंद दोऊ खड़े, काके लागूं पांय।
बलिहारी गुरु आपने, गोविंद दियो मिलाय॥

–संत कबीर

गुरु और गोविंद एक साथ खड़े हैं, पहले किसके श्रीचरणों में प्रणाम करूं? हे गुरुदेव! मैं आपके ही श्रीचरणों में पहले प्रणाम करता हूं, आपकी कृपा से मैं श्रीगोविंद से मिल सका हूं।

गुरु नारायण रूप है, गुरु ज्ञान को घाट।
सतगुरु बचन प्रताप सों, मन के मिटे उचाट ॥

–संत कबीर

गुरु साक्षात् श्रीनारायण का ही रूप है। गुरु ज्ञान के सागर का घाट है, जहां पर मैले चित्त को धोया जाता है। ऐसे सद्गुरु के वाणी की शक्ति से मन के सब विकार दूर हो जाते हैं तथा हृदय को परम संतोष प्राप्त होता है।

गुरु बिन लखै न उपजै, गुरु बिन मिलै न मोष।
गुरु बिन लखै न सत्य को, गुरु बिन मिटै न दोष ॥

–संत कबीर

कबीर कहते हैं कि बिना गुरु के ज्ञान की उत्पत्ति नहीं होती। जीव अज्ञान रूपी अंधकार में भटकते हुए सांसारिक बंधनों में जकड़े रहते हैं, बिना गुरु के वे मुक्त नहीं हो सकते। बिना गुरु के सत्य और असत्य को नहीं जाना जा सकता। उचित-अनुचित का ज्ञान पाए बिना, इस दोषपूर्ण जीवन का उद्धार गुरु के बिना संभव नहीं।

कुमति कीच चेला भरा, गुरु ज्ञान जल होय।
जनम जनम का मोरचा, पल में डारे धोय ॥

–संत कबीर

शिष्य अज्ञान-दशा में, कुबुद्धि के कीचड़ से भरा होता है और गुरु पवित्र ज्ञानरूपी जल के समान होते हैं। शिष्य के जन्म-जन्मांतरों के विकारों को गुरु क्षणभर में नष्ट कर देते हैं, अर्थात् शिष्य को सद्बुद्धि देकर उसका जीवन उज्ज्वल कर देते हैं।

गुरु कुम्हार शिष कुंभ है, गढ़ि-गढ़ि काढ़ै खोट।
अंतर हाथ सहार दै, बाहर बाहै चोट ॥

–संत कबीर

गुरु कुम्हार और शिष्य घड़े के समान है। जिस प्रकार कुम्हार अपने घड़े का दोष दूर करने के लिए भीतर हाथ का सहारा देकर ऊपर से चोट मारता है, उसी प्रकार गुरु अपने शिष्य को बाहर से कठोर अनुशासन की चोट लगाकर, अंतर में प्रेम भरते हुए शिष्य की बुराइयों को दूर कर देते हैं।

पंडित पढ़ि गुनि पचि मुये, गुरु बिन मिले न ज्ञान।
ज्ञान बिना नहिं मुक्ति है, सत्त सब्द परमान॥

—संत कबीर

बहुत पंडित-विद्वान पढ़ते-गुनते यूं ही थक कर मर जाते हैं, किंतु कोई लाभ नहीं होता, क्योंकि बिना गुरु के ज्ञान नहीं मिलता। जब तक ज्ञान नहीं होगा, तब तक सांसारिक बंधनों से मुक्ति नहीं मिल सकती।

कबीर हरि के रूठते, गुरु के शरणै जाय।
कहैं कबीर गुरु रूठते, हरि नहिं होत सहाय॥

—संत कबीर

कबीर सबको सचेत करते हैं कि यदि हरि (भगवान) रूठ जाएं, तो निश्चिन्त होकर गुरु की शरण में चले जाओ, गुरु सहायता कर सब संभाल लेंगे। परंतु यदि गुरु रूठ गए तो ईश्वर भी सहायता नहीं करेंगे, अर्थात् गुरु के रूठने पर कोई सहायक नहीं मिल सकता।

जीवात्मा विभिन्न प्रकार की योनियों में जन्म लेता है। पशु योनी को भोगयोनि कहा जाता है तथा पशु अज्ञानता की सीमा में आते हैं; जबकि मनुष्य योनि अज्ञानता की सीमा के अंदर नहीं आती, अतः यह मात्र भोगयोनि नहीं है। यह योनि जीवात्मा को भोगों की दासता से मुक्त कराने के लिए मिलती है। कभी न पूरी होने वाली भोग की इच्छाएं संसार के दुःखों का प्रमुख कारण हैं। इनकी परतंत्रता की अवस्था में जीवन दुःखी तथा स्वतंत्रता में जीवन सुखी रहता है। सच्चा जिज्ञासु इन भोगों से स्वतंत्र होने का प्रयास करता है, परंतु उसे आश्रय की आवश्यकता होती है। सद्गुरु उसे आश्रय देते हैं। उनकी शरण में जाने पर वह भोगों की परतंत्रता से मुक्त हो जाता है। कबीर कहते हैं कि सद्गुरु की महिमा अपरंपार है। सद्गुरु अपने शिष्य को काम, क्रोध, मोह, लोभ आदि से मुक्ति का उपाय बताते हैं तथा उसे दिव्य दृष्टि देने में समर्थ होते हैं। शिष्य गुरु की कृपा से जीवन के सभी बंधनों से मुक्त हो जाता है तथा परम आनंद और शांति पाता है।

पाछे लागे जाय था, लोक वेद के साथ।
पैड़े में सद्गुरु मिलें, दीपक दीन्हा हाथ॥

—संत कबीर

अज्ञानता में बिना सोचे-समझे सांसारिक मान्यताओं के पीछे लगा हुआ जा रहा था, अपना अनमोल समय यूं ही नष्ट कर रहा था, तभी रास्ते में सद्गुरु

के दर्शन हुए। उन्होंने ज्ञान का दीपक हाथ में थमा दिया, जिससे सांसारिक मोहरूपी अंधकार दूर हो गया।

मनहिं दिया निज सब दिया, मन के संग शरीर।
अब देवे को क्या रहा, यों कथ कहहिं कबीर॥

–संत कबीर

जब शिष्य ने सतगुरु को मन समर्पित कर दिया तो समझो सब कुछ दे दिया, क्योंकि मन के साथ शरीर भी है, इसलिए वह मन के साथ ही समर्पित हो गया। तन-मन के द्वारा ही सब कार्य होते हैं, अतः वे सब भी सद्गुरु को ही अर्पित हो गए। कबीर कहते हैं कि अब देने को शेष रहा ही क्या?

केते पढ़ि गुनि पचि मुए, योग यज्ञ तप लाय।
बिन सद्गुरु पावे नहीं, कोटिन करे उपाय॥

–संत कबीर

कितने ही लोग शास्त्रों को पढ़ते-गुनते यूं ही मर गए, कितने ही योग-क्रिया करने वाले, यज्ञ करने वाले तथा तप-व्रत करने वाले हार-थककर समाप्त हो गए, परंतु बिना सद्गुरु के आत्मबोध एवं परम शांति प्राप्त नहीं हो सकी चाहे कोई करोड़ों उपाय करे, फिर भी उसे सद्गुरु के बिना आध्यात्मिक ज्ञान प्राप्त नहीं हो सकता

सद्गुरु मिला जु जानिये, ज्ञान उजाला होय।
भ्रम का भांडा तोड़ि करि, रहै निराला होय॥

–संत कबीर

सद्गुरु का मिलना तब ही जानों, जब अंतर्मन में ज्ञान का उजाला हो जाए, अंतःकरण का अज्ञान रूपी अंधकार नष्ट हो जाए। अपने अंदर जो भ्रम है, उसका विनाश करके ही हम अपने अद्भुत स्वरूप को प्राप्त कर सकते हैं। जब तक हृदय में संशय-भ्रम रहते हैं, तब तक आत्म दर्शन नहीं होता।

शिष्य को सद्गुरु के शरण में जाकर अपना सब कुछ न्यौछावर कर देने से पहले गुरु के स्वरूप से परिचित होना चाहिये। गुरु के प्रति समर्पित होने से पहले उनके गुणों और आदर्शों की तरफ ध्यान देना बहुत आवश्यक है। यदि गुरु अज्ञानी होगा, तो वह शिष्य को ज्ञान कैसे दे सकता है? कबीर ने गुरु के दो विभाजन किए हैं, सद्गुरु और झूठा गुरु। संसार के नियमानुसार गुरु को भी

माया पकड़ लेती है। गुरु भी मायावी हो सकते हैं। गुरु की पहचान न कर पाने पर हानि की ही संभावना है। सच्चा गुरु आचरण संपन्न होता है, जबकि झूठा गुरु आचारहीन। शिष्य गुरु के आचरण का ही अनुसरण करता है। यदि वह झूठे गुरु की शरण में जाता है, तो अज्ञान के अंधेरे से कभी बाहर नहीं निकल सकता। सच्चा गुरु शिष्य के अंतर्मन में ज्ञान का प्रकाश भर देता है। सत्य-असत्य और विद्या-अविद्या में भेद बताने वाला व्यक्ति ही गुरु के योग्य है। जो मात्र प्रवचन या उपदेश देता हो, लेकिन खुद अनुसरण न करता हो, वह गुरु नहीं है। गुरु वह है, जो उपदेश देने के साथ-साथ स्वयं भी उसका अनुसरण करता हो तथा आत्म ज्ञान की कसौटी पर खरा उतरता हो।

कबीर सद्गुरु के संदर्भ में कहते हैं,

सदगुरु ऐसा कीजिए, लोभ मोह भ्रम नाहिं।
दरिया सो न्यारा रहे, दीसे दरिया माहिं॥

–संत कबीर

सद्गुरु ऐसा होना चाहिये, जिसके हृदय में लोभ न हो, मोह-माया से दूर हो तथा भ्रम-संदेह से मुक्त हो। ऐसा सद्गुरु इस संसार रूपी सागर में दिखाई तो अवश्य पड़ता है, परंतु वह संसार की कुवासनाओं और महत्त्वाकांक्षाओं से अलग रहता है।

गुरु गुरु में भेद है, गुरु गुरु में भाव।
सोई गुरु नित बंदिए, शब्द बतावे दाव॥

–संत कबीर

गुरु शब्द एक है, परंतु गुरुजनों में बहुत अंतर है। गुरु-गुरु के भाव विचारों तथा मत-मान्यताओं में भी बहुत अंतर है। परंतु नित्य उसी गुरु की सेवा-वंदना करनी चाहिये, जो सार-शब्द का दांव बताए अर्थात् स्वरूप बोध कराए और संसार की मिथ्या मान्यताओं एवं कल्पनाओं से मुक्त कराए।

कबीर झूठे गुरु के संदर्भ में कहते हैं–

गुरवा तो सस्ता भया, पैसा केर पचास।
राम नाम धन बेचि के, शिष्य करन की आस॥

–संत कबीर

धन-माल के लोभी पचासों गुरु घूमते हैं। ऐसे गुरु दूसरों को धोखा देने

और रुपए-पैसे ठगने के लिए भिन्न-भिन्न रूपों में घूमते हैं। वे राम-नामरूपी धन बेचकर अधिक से अधिक शिष्य बनाने की आशा लिए घूमते रहते हैं। ऐसे धूर्त, गुरु-पद की मर्यादा में कलंक हैं, उनसे सावधान रहना चाहिये।

जा गुरु ते भ्रम न मिटे, भ्रांति न जिनकी जाय।
सो गुरु झूठा जानिए, त्यागत देर न लाय॥

–संत कबीर

जिस गुरु से अपना भ्रमरूपी अज्ञान न मिटे और हृदय में छाई भ्रांति अर्थात् संदेह दूर न हो, ऐसा गुरु कभी सद्गुरु नहीं हो सकता, उसे झूठा व अज्ञानी ही समझो और उसे तुरंत त्याग दो। उसके पास जाकर अपना समय नष्ट नहीं करना चाहिये।

जाका गुरु है आंधरा, चेला खरा निरंध।
अंधे को अंधा मिला, पड़ा काल के फंद॥

–संत कबीर

अगर गुरु ही अज्ञानता के घेरे में है, तो चेला महा अज्ञानी होगा। यह तो ठीक ऐसा ही हुआ, जैसे अंधे को राह बताने वाला भी अंधा ही मिल गया हो, अतः ऐसे गुरु और शिष्य ही काल कवलित होकर अपना जीवन नष्ट कर लेते हैं।

कबीर गुरु-शिष्य के संदर्भ में कहते हैं कि, गुरु और शिष्य एक-दूसरे के पूरक हैं। दोनों के परस्पर संबंध स्वार्थहीन है। सद्गुरु की अमृतवाणी शिष्य को आत्मज्ञानी बनाती है। शिष्य सद्गुरु की कृपा के सम्मुख अपने सेवा-समर्पण को इतना तुच्छ समझता है कि यदि वह अपना शीश भी काटकर चढ़ा दे, तो भी वह गुरु से प्राप्त ज्ञान की तुलना में कम है। योग्य शिष्य का यह सर्मपण और गुरु का ज्ञान दोनों वंदनीय हैं।

कबीर कहते हैं कि ज्ञान प्राप्ति के लिए गुरु का होना आवश्यक है। शिष्य को सद्गुरु की खोज करनी चाहिये। गुरु को भी चाहिये कि वे योग्य शिष्य को ही उपदेश दें। कबीर ने मुख्य ध्यान गुरु की विशेषता पर ही दिया है। इसका कारण संभवतः यह है कि श्रेष्ठ गुरु बुरे शिष्य को भी श्रेष्ठ बना देता है। जिस प्रकार तीव्र आग कच्ची लकड़ी को भी जलाकर आग बना देती है, उसी प्रकार श्रेष्ठ गुरु में भी ज्ञानाग्नि प्रज्वलित होती है और वह शिष्य को अपने जैसा बना देता है।

गुरु तो ऐसा चाहिये, शिष सों कछु न लेय।
शिष तो ऐसा चाहिए, गुरु को सब कुछ देय ॥

–संत कबीर

गुरु को निष्काम, निर्लोभी और संतोषी होना चाहिये। उसे शिष्य से कुछ लेने की अपेक्षा नहीं होनी चाहिये, क्योंकि जहां गुरु लोभी तथा शिष्य से कुछ लेने की कामना करता है, वहां गुरुत्व की गरिमा घट जाती है। परंतु शिष्य को ऐसा होना चाहिये कि वह गुरु को अपना सब कुछ अर्पण कर दे, तभी दोनों के प्रयास सार्थक होंगे।

गुरु भया नहिं शिष भया, हिरदे कपट न जाव।
आलो पालो दुख सहै, चड़ि पाथर की नाव ॥

–संत कबीर

जब तक हृदय में छल-प्रपंच और कपट है अर्थात् हृदय पवित्र नहीं है, तब तक न तो गुरु, गुरु है और न शिष्य, शिष्य है। वे दोनों ही गुरु और शिष्य के योग्य नहीं है। ऐसी स्थिति में वे दुःख ही पाएंगे। पत्थर की नाव पर चढ़कर अज्ञानी भव सागर (माया-मोह से पूर्ण संसार) को पार नहीं कर सकते।

गुरु बिचारा क्या करे, शब्द न लागा अंग।
कहैं कबीर मैली गजी, कैसे लागै रंग ॥

–संत कबीर

उस अवस्था में गुरु बेचारा क्या करे, जब शिष्य ही सुपात्र न हो और उस पर ज्ञान के उपदेश का तनिक भी असर न होता हो। कबीर कहते हैं कि मैली चादर हो तो भला उस पर कैसे अच्छा रंग चढ़ सकता है? अतः गुरु से ज्ञान की प्राप्ति के लिए शिष्य का सुयोग्य होना भी आवश्यक है।

स्वामी विवेकानंद गुरु और शिष्य के संदर्भ में कहते हैं–

– भगवान हमारे पास गुरु के वेश में आता है।
– हर एक गुरु बन जाए, यह संभव नहीं है। गुरु का मतलब है, अंदर और बाहर से पूर्ण पवित्रता।
– आपकी आत्मा ही आपका गुरु है।
– गुरु की बच्चे की तरह सेवा करो, उनके सामने अपना दिल खोल दो, उसमें साक्षात् भगवान को देखो।

- गुरु वही होता है, जिसने आत्म साक्षात्कार कर लिया हो।
- गुरु को शिष्य के दोषों को सहना पड़ता है।
- गुरु ऐसा वाहन है, जो आपके लिए आध्यात्मिक प्रभाव लाता है अर्थात् आपमें आध्यात्मिक असर करता है।
- वास्तव में गुरु वही है, जो शिष्य को माया से बाहर लाता है तथा उसे जन्म-मृत्यु के चक्कर से मुक्ति दिलाता है।
- गुरु-भक्ति आध्यात्मिक विकास का आधार है।

स्वामी शिवानंद गुरु-शिष्य के संदर्भ में कहते हैं–

शिष्य को चाहिये कि गुरु को भगवान का अवतार समझे तथा उनका पूर्ण आदर-सत्कार करे।

कुछ लोग बिना गुरु के साधना करने लग जाते हैं, लेकिन रुकावटें आती हैं, तो समाधान नहीं कर पाते हैं। फिर उनको गुरु की जरूरत महसूस होती है। तब वे गुरु की खोज में निकलते हैं। योग के अभ्यास-साधना में ऐसा होता है। इसलिए गुरु का होना अनिवार्य है। जिस प्रकार हम किसी को एक फल देते हैं, उसी प्रकार गुरु शिष्य में शक्ति संचार कर सकता है। गुरु छूने से, देखने से, सोचने से और इच्छा-शक्ति से शिष्य में शक्ति संचार कर सकता है।

कबीर निगुरा के संदर्भ में कहते हैं–

जिसने कभी सत्संगति नहीं की और न ही सद्गुरु से ज्ञान प्राप्त किया। ऐसा व्यक्ति मनुष्य की योनि पाकर भी पशु के समान है। वह व्यक्ति जीवन भर अपने विषय भोगों का दास बना रहता है। माया-मोह और अहंकार जैसे भार ढोते हुए वह जन्म-जन्मांतर तक नारकीय अवस्था में पड़ा रहता है। आज तक जितने भी संत-महात्मा हुए हैं, सभी ने सद्गुरु की शरण में ज्ञान प्राप्त किया है। सद्गुरु की कृपा तथा सद्गुणों को निगुरा व्यक्ति कभी नहीं प्राप्त कर सकता। उसका जीवन व्यर्थ की बातों में व्यतीत होता है।

शुकदेव सरीखा फेरिया, तो को पावै पार।
गुरु बिना निगुरा जो रहै, पड़े चौरासी धार॥

–संत कबीर

जब शुकदेव जैसे गर्भ-योगेश्वर, ज्ञानी-मुनि को भी निगुरा होने से वापस लौटना पड़ा, तो भला फिर साधारण जन बिना गुरु के पार कैसे पा सकते हैं? अर्थात् कोई कितना भी ज्ञानी-ध्यानी बन जाए, परंतु बिना गुरु ज्ञान के चौरासी धारा, यानी जन्म-मरण के चक्र में पड़ना ही पड़ता है।

सूता साधु जगाइए, करै ब्रह्म को जाप।
ये तीनों न जगाइए, साकट, सिंहरू, सांप॥

–संत कबीर

आवश्यकता पड़ने पर सोते हुए साधु को जगा देने से कोई हानि नहीं होगी। जागने पर साधु भजन-कीर्तन करेगा और सदुपदेश देगा। परंतु निगुरा, सिंह और सांप यदि सोते हों, तो उन्हें कभी नहीं जगाना चाहिये, क्योंकि इनके जागने पर निगुरा तो अज्ञानता की बात करेगा और सिंह-सांप जान के दुश्मन बन जाएंगे।

कबीर साधु के संदर्भ में कहते हैं–

साधु सज्जन होते हैं और उन्हें दूसरों का सुख देखने में आनंद आता है। उनका स्वभाव सरल, कोमल पुष्प की भांति होता है। वे पवित्र, तन-मन से निर्मल, त्याग तथा तपस्या में अटल होते हैं। उनका संबंध किसी विशेष स्थान, वर्ण-जाति या भाषा से नहीं होता। साधु किसी भी आसक्ति बंधन में नहीं बंधते। वे सभी परिस्थितियों और समय के आघातों को सहते हुए आत्म-साधना में लीन हो, संयमशील व संतोषी जीवन व्यतीत करते हैं। साधु अपने अंतर्मन में परमात्मा का ही चिंतन-मनन करते हैं। भ्रमित-असहाय, भूले-भटके लोगों को सन्मार्ग पर चलाने वाले तथा निगुरों के हृदय में भक्ति-ज्ञान की सुधा संचित करने वाले साधु-संत ही होते हैं।

कबीरा सोई दिन भला, जा दिन साधु मिलाय।
अंक भरे भरि भेटिए, पाप शरीरा जाय॥

–संत कबीर

कबीर कहते हैं कि वही दिन अच्छा होता है जिस दिन साधु मिल जाए, भले वह कोई भी दिन हो, संकोच त्यागकर उनसे भक्ति-भाव से मिलना चाहिये तथा उनकी सेवा, पूजा करनी चाहिये। ऐसा करने से तन-मन के पाप (दोष) दूर हो जाते हैं।

मात पिता सुत इस्तरी, आलस बंधू कानि।
साधु दरश को अजब चलै, ये अटकावै खानि॥

–संत कबीर

माता-पिता, पुत्र-स्त्री, भाई-बहन, आलस्य और मान-मर्यादा, ये सभी साधु दर्शन में बाधक होते हैं। माया-मोह में डूबे हुए नाते-संबंधों को भय होता है कि साधु दर्शन में जाने से कहीं हमारा त्याग न हो जाए, अतः जब साधु दर्शन को चलते हैं, तो ये रुकावटें डालते हैं।

सुख देवै दुःख को हरै, दूर करे अपराध।
कहैं कबीर वह कब मिलै, परम स्नेही साथ॥

–संत कबीर

जो दूसरों को सुख देते हैं, उनके दुःख का हरण साधु-संत कर लेते हैं तथा दूसरों के दुर्गुण-अपराधों को दूर कर देते हैं। कबीर कहते हैं कि ऐसे परम प्रेम साधु-संत कब मिलेंगे? अर्थात् क्षमा प्रदान करने वाले तथा दयावान प्रेमी साधु बहुत ही कम और कठिन परिश्रम से मिलते हैं।

और देव नाहिं चित्त बसै, मन गुरु चरण बसाय।
अल्पहार भोजन करू, तृष्णा दूर पराय॥

–संत कबीर

साधु-संतों के चित्त में कोई देवी-देवता नहीं होते, अर्थात् वे किसी अन्य को नहीं मानते। उनका मन तो केवल सद्गुरु महाराज के चरणों में ही रहता है। वे समयानुसार बहुत ही कम भोजन करने वाले होते हैं और सभी तृष्णाओं से दूर रहते हैं।

संगत कीजै साधु की, कभी न निष्फल होय।
लोहा पारस परस ते, सो भी कंचन होय॥

–संत कबीर

साधु-संतों की संगत करो, वह कभी भी निष्फल नहीं हो सकती। जिस प्रकार पारस मणि के स्पर्श से लोहा, स्वर्ण में बदल जाता है, उसी प्रकार संतों की सत्संगति से दुष्ट-दुर्जन भी सज्जन बन जाते हैं।

जात न पूछो साधु की, पूछि लीजिए ज्ञान।
मोल करो तलवार का, पड़ा रहने दो म्यान॥

–संत कबीर

साधु-संत सांसारिक संबंधों से सर्वथा भिन्न हैं, इसलिए साधु की शारीरिक जाति अथवा वर्ण न पूछो। उनसे तो सत्संग की, ज्ञान की चर्चा करो। जिस प्रकार प्रयोग में आने वाली तलवार है, उसका तो मोल-तौल करो, किंतु म्यान पर अधिक विचार करने की आवश्यकता नहीं।

संदर्भ ग्रंथ

प्रस्तुत पुस्तक में विषय-संबंधित अंश निम्न से लिए गए हैं–

1. कबीर अमृतवाणी–(संपादक–श्री एम.आई. 'राजस्वी')
2. संत कबीर–(वीरेंद्र सेठी की अंग्रेजी पुस्तक 'कबीर दि वीवर ऑफ गाड्स नेम' के आधार पर–लेखक–शांति सेठी)
3. पर्ल ऑफ विज़डम (अंग्रेजी पुस्तक) लेखक–स्वामी विवेकानंद
4. इन्सपायर्ड टॉक्स (अंग्रेजी पुस्तक) लेखक–स्वामी विवेकानंद
5. माइंड इट्स मिस्टरीज़ एंड कंट्रोल (अंग्रेजी पुस्तक) लेखक–स्वामी शिवानंद
6. हाव टू कल्टिवेट वर्च्यूज़ एंड इराडिकेट वॉयसेज़ (अंग्रेजी पुस्तक) लेखक –स्वामी शिवानंद
7. ह्वाट टू बिकम्स ऑफ सोल ऑफ्टर डेथ (अंग्रेजी पुस्तक) लेखक–स्वामी शिवानंद
8. प्रेरणात्मक विचार (लेखक–पंडित शिवानंद)
9. जीवन और अभय (लेखक–पंडित शिवानंद)
10. आनंद की ओर (लेखक–पंडित शिवानंद)
11. गीता-रसामृत (लेखक–पंडित शिवानंद)
12. पातञ्जलि योगसूत्र (लेखक–श्री नंदलाल दशोरा)
13. योगासन एवं साधना (लेखक–डॉ. सत्यपाल ग्रोवर)
14. पेराबल्स ऑफ रामा (अंग्रेजी पुस्तक–श्री स्वामी रामतीर्थ प्रकाशन)
15. टेल्स एंड पेराबल्स ऑफ श्री रामकृष्ण (अंग्रेजी पुस्तक, प्रकाशन श्री रामकृष्णमठ)।